Las 4 caras de la muerte

"Honduras es una nación que necesita oír las buenas nuevas de Jesucristo desesperadamente".

Las 4 caras de la muerte

Escrito por:
Wayne W. Sanders

Christian Literature & Artwork
A BOLD TRUTH Publication

Las 4 caras de la muerte
Copyright © 2018 by Wayne W. Sanders
ISBN 13: 978-1-949993-05-9

BOLD TRUTH PUBLISHING
(Christian Literature & Artwork)
606 West 41st, Ste. 4
Sand Springs, Oklahoma 74063
www.BoldTruthPublishing.com

Disponible en Amazon.com y otros puestos de venta. Ordenes realizadas por: U.S. trade bookstores and wholesalers. Email *beirep@yahoo.com*

Ventas en cantidad pueden traer descuentos especiales en cantidad hechas por corporaciones, asociaciones y otros. Para más detalles contactar al editor y publicador (la información de arriba).

Todos los derechos reservados bajo la ley internacional de derechos de autor. Todo el contenido y imágen de portada no pueden ser duplicados sin el permiso del autor.

Impresso en Estados Unidos.

04 19   10 9 8 7 6 5 4 3 2 1

Quisiéramos reconocer y agradecer a estos editores por publicar y distribuir las siguientes versiones de la palabra escrita de Dios:

> *The Lord gave the word: great was the company of those that published it.* - Psalm 68:11 (KJV)

Scriptures marked KJV are taken from the KING JAMES VERSION (KJV): KING JAMES VERSION, public domain.

Scripture quotations marked (NKJV) are taken from the New King James Version of the Bible. Copyright © 1979, 1980, 1982 by Thomas Nelson, Inc. Usado con permiso. Todos los derechos reservados.

"Scriptures marked TLB are taken from the THE LIVING BIBLE (TLB): Scripture taken from THE LIVING BIBLE Copyright© 1971. Usado con permiso de: Tyndale House Publishers, Inc., Carol Stream, Illinois 60188. Todos los derechos reservados.

Reina Valera 1960 derechos reservados Traducido por Esther Maria Banegas Gatica: *embgatica@gmail.com*

*"Yo soy la resurrección y la vida:
el que cree en mí, aunque estaba muerto,
sin embargo, vivirá"*

*- Jesucristo, El Mesías
De acuerdo al evangelio de Juan.
(c. 30 AD)*

Contenido

Dedicatoria ....*i*
Introduccion ....*iii*

Capítulo 1
Tiene que empezar en algún lado *1*

Capítulo 2
Está fue la preparacion 11

Capítulo 3
La primera cara de la muerte
No la vimos venir 19

Capítulo 4
Todas las cosas son posibles
Al que cree..27

Capítulo 5
La segunda cara de la muerte
Un hombre fue matado en la carretera 33

Capítulo 6
Él resto de la historia. 37

Capítulo 7
La tercera cara de la muerte
Un hombre muere de miedo 45

Contenido

Capítulo 8
La cuarta cara de la muerte
   Mi hermano Danny 55
   Un doctor me dijo. 57
   Jesús Me enseñó él Paraiso 58
   Sin signos Vitales! 60
   Rescatado de las garras de la muerte 65
   El testimonio de un Amigo 70
   Luces brillantes y música 76
   La palabra funciona 78

Epilogo
En él Cierre ... .83
   Escrituras sobre él Infierno 85
   Escrituras sobre el Cielo 88
   Oracion de Salvacion 91

Dedicatoria

Para empezar deberia de decirte a ti (el lector) como las páginas de este libro se leen como una novela de aventura. Pero después comencé a pensar en el hombre que escribió las páginas de este libro, y una risa que viene del espíritu santo salió de mi; porque, me di cuenta que ser amigo de y estar alrededor del ministerio de Wayne y Connie Sanders es sin duda UNA AVENTURA.

Proverbios 11:30
"El fruto del justo es árbol de vida; Y el que gana almas es sabio."

Desde su estudio bíblico semanal en el ministerio y sede de (COMMON GROUND MINISTRIES - MINISTERIOS TIERRA EN COMÚN) hasta su muy atareado itinerario de viajes misioneros. En estos viajes ellos llevan equipos de hombres y mujeres a ministrar el evangelio en las calles de varias ciudades a través de la nación de Estados Unidos, ciudades como: (Indianapolis; Houston; New Orleans; Pittsburg; St. Louis; y muchas muchas ciudades más) a la vez hacen docenas y docenas de viajes a Honduras, Centro America. Wayne Sanders y su equipo continúan compartiendo las buenas nuevas LA BUENA NOTICIA DE JESUCRISTO a través de canciones y ministración y la predicación poderosa de la palabra de Dios seguida por señales y milagros.

i

Dedicatoria

Yo considero a Wayne Sanders uno de mis amigos más confiados en cuanto a el ministerio y a la vez lo veo como un mentor (en especial en el tema del evangelismo público y de uno a uno). El impacto que el y su equipo han tenido en mi vida simplemente no se puede describir enteramente. Estoy muy seguro que en el registro del cielo va a salir la gran cantidad de vidas que han sido afectadas (a través de otros ministerios también) gracias al apoyo continuo de Wayne que siempre a servido de mentor y enseñado a través de su propio ejemplo.

Estoy mutuamente emocionado como bendecido en ser parte de la publicación de este libro. Es un maravilloso TESTIMONIO a aquel que da vida. Por si no lo sabes, Dios no esta muerto. El está vivo y bien: él es un ser SOBRENATURAL que ejercita su voluntad y planes sobre toda situación, lógica o de ley natural cuando y donde Él decida. JESUCRISTO ES NUESTRO HACEDOR DE MILAGROS y a través de las páginas de este libro te encontrarás evidencia en abundancia de estas VERDADES.

Muchas gracias Wayne por permitirme ser parte de este proyecto tan bendecido. Mucho amor a ti y a tu familia!

Aaron Jones
Revivalista autor y artista
Sand Springs, Oklahoma

Introducción

Me sorprende cuanta gente va a la iglesia cada semana pero todavía no han resuelto este dilema y problema en sus vidas. La muerte no es un tema del cual la mayoría de gente le gusta hablar, pero todos nos vamos a ir por ese camino algun dia. Mi doctor me dijo una vez que ninguna persona evita la muerte.

Estoy seguro que no todas las respuestas que están buscando las van a encontrar en las páginas de este libro. Yo no pretendo hacerles creer que tengo todas las respuestas tampoco. Solo espero provocarlos a examinar el resultado de estos eventos que les voy a relatar con la esperanza de darles algo que los ayude a tomar una decisión que les asegurara su destino final.

Jesus dijo en su palabra, in *Juan 14:1-3*...

14 1 No se turbe vuestro corazón; creéis en Dios, creed también en mí.
2 En la casa de mi Padre muchas moradas hay; si así no fuera, yo os lo hubiera dicho; voy, pues, a preparar lugar para vosotros.
3 Y si me fuere y os preparare lugar, vendré otra vez, y os tomaré a mí mismo, para que donde yo estoy, vosotros también estéis.

Introducción

Si eres de uno de los que se niegan a ver las alternativas en la muerte pues pon este libro de regreso en el estante. Sin embargo si estás buscando respuestas que te ayuden a tomar la decisión más importante de tu vida entonces no sueltes este libro y leelo.

La forma en que una persona perciba la muerte, y después decida aceptarla puede ser alterado por las experiencias que tengamos con la muerte.

La definición de la muerte puede dejarnos con un sentir de pérdida y falta de esperanza. La definición en el diccionario Webster dice: " la muerte es una permanente cesación de todas las funciones vitales: el final de la vida".

Existen todo tipo de libros y otras fuentes de información que uno puede encontrar en él tema de la muerte. Si eres como yo, algunas de esas fuentes de información solo me dejaron más confundidas después de leerlas.

Evitar el tema de la muerte lo más frecuente posible es la forma en que la mayoría de las personas prefieren vivir la vida. Sin embargo, sea como sea un dia todos vamos a tener que encararla. Mi oración es que encuentres las respuestas que estás buscando. Yo solo te puedo explicar lo que yo se y entiendo acerca de la muerte. Ese es el tema del libro, les voy a compartir como yo veo a la muerte.

Al menos dos veces al año pasamos tres semanas en un viaje misionero a corto plazo en el país de Honduras, Centroamérica. Los testimonios que han salido de estas aventuras inusuales y emocionantes, debo admitir a veces

Introducción

son inimaginables; pero nos mantienen regresando año tras año.

E contado estas experiencias muchas veces a mis amigos y varios pensaron que debería de escribirlas. Me ha resultado un poco difícil para mi escribir estas historias y ponerlas en un libro como este.

Los eventos que les voy a transmitir en las páginas de este libro no son de ficción por más increíbles que parezcan. Por fortuna tengo veintiún testigos que pueden atestiguar a su veracidad.

Al igual que los libros del evangelio que pueden compartir el mismo tema, estos temas pueden ser vistos de diferentes perspectivas. Aun estos eventos (vistos por los ojos de cada testigo) pueden ser vistos de la perspectiva individual y personal de las vidas y experiencias de cada testigo; cada historia puede ser contada con ciertas variaciones pero siempre con las mismas verdades.

Tratare de describirles lo más preciso posible como esta cadena de eventos surgió y sucedió. Siento una obligación de compartir con ustedes, aun cuando corra el riesgo de ser llamado un demente. Les quiero explicar lo que transpiro antes de llegar a Honduras, mientras en el viaje y aun después de la conclusión de estos eventos.

Cuatro diferentes situaciones ocurrieron durante uno de esos viajes misioneros de solo tres semanas que son la razón porque este libro existe. Estos cuatro testimonios serán contados en secuencia de como ocurrieron en este viaje.

Introducción

El primer encuentro fue con un hombre que fue matado en la autopista mientras regresamos de las cataratas de Honduras que quedan en Pulhapanzak, camino a Rio Lindo, Cortes en el norte de Honduras.

El segundo encuentro fue con un hombre que fue matado también en la autopista o carretera como se le dice en Honduras mientras regresamos de la ciudad de La Lima, Cortes justo a 10 millas al oeste de San Pedro Sula.

El tercer encuentro fue un hombre que había muerto por miedo en una ciudad llamada Ocotepeque, (en el oeste de Honduras).

El último encuentro fue mi hermano mayor, Danny, quien dijo que una noche él pasó caminando toda la noche pensando que se iba a morir.

Existen *"Las cuatro caras de la muerte"* que van a ser discutidas en este libro. Obviamente hay muchos otros encuentros más que discutiremos a través del libro pero por cuestion de tiempo solo nos vamos a enfocar en esas cuatro por ahora.

Estos son los eventos que pasaron en nuestro viaje misionero en el año 1997.

Wayne W. Sanders

Capítulo 1
"Tiene que empezar en algún lado"

Era Marzo, 1997 cuando llegamos una vez más al bello país de Honduras. Estábamos ansiosos de experimentar otra gran aventura juntos, y nos habíamos preparado para este viaje por ya varios meses.

Asegurarse que todos los arreglos para que llevaramos nuestros propios equipos de música a los diferentes cultos y reuniones para así no depender del equipo en las iglesias estaba resultando una tarea difícil. Arreglar nuestro itinerario con las iglesias también resulta cansado. Sin mencionar el asegurar un lugar para que nos quedemos por tres semanas. Pero con todo ya pagado por fin habíamos llegado.

Logramos disfrutar de una fresca tarde, una de esas tardes que solo se disfrutan en los primeros meses del año. Estaba muy agradecido de que no era aún muy caliente el clima ya que en cualquier momento, ese paraíso tropical usualmente se convierte en un calor inmensurable que es el clima por el cual San Pedro Sula es reconocido.

Nuestros amigos Hondureños nos acusan de traer el clima helado/frio con nosotros. Ellos dicen que las temperaturas se

Las 4 caras de la muerte

enfrían para nosotros los gringos cuando llegamos. A veces está justo debajo de los cien grados fahrenheit justo antes de que lleguemos. Después así pareciendo que fuera de la nada, un frente frío viene por la ciudad, trayendo consigo una lluvia o nubes que traen aire fresco y sombra haciendo nuestra estadía más que soportable y un disfrute.

Todos los hondureños se ponen chaquetas y suéteres mientras que nosotros los gringos (americanos de Estados Unidos) usamos shorts y camisetas manga corta. La temperatura es entre los setentas y ochentas. Así que a mi no me molesta que nosotros traigamos el agradable clima. Estoy más que feliz siendo a quien culpar por la expresión de amor de Dios manifestada a través del clima, demostrandonos su favor.

La gentil brisa que vino a través de la cubierta superior de la casa de dos pisos la primera noche que estuvimos ahí se sintió como una brisa que viene después de una noche lluviosa. La cubierta superior de la casa se une completamente de ambos lados, y era más que apta suficiente para poder tener nuestras reuniones y devocionales ahí. Habían conmigo en este viaje veintiún hombres y mujeres de todo estados unidos que se habían unido juntos para buscar de Dios y la voluntad de Dios con fervencia y pasión.

La casa en donde nos quedamos es la sede local del ministerio llamado *Juventud para Cristo de Honduras*. Dos amigos cercanos nuestros (Mauricio y Anna Erazo)

Las 4 caras de la muerte

son los directores nacionales de este ministerio. Desde que uno entra a la casa se puede sentir el efecto de la mucha oración que sale y a salido de ese lugar.

Nuestro lugar de refugio fue situado directamente al pie de una gran montaña, pero seguía siendo dentro de los suburbios de la ciudad. Muy fácilmente se podía encontrar donde nos hospedamos al encontrar el rótulo grande de la Coca- Cola que quedaba justo sobre nosotros en él lado de la montana. (Ver foto en p. 10).

Que bendicion! Está casa era él lugar perfecto. Un lugar donde nos podíamos acercar más a Dios, y escuchar sus instrucciones. Sería muchos años después que nos daríamos cuenta de lo significante que fue estar ahí, un lugar donde los planes de Dios fueron creados a través de intercession y donde oramos por que todos los misterios se revelan a través del espíritu santo.

La ciudad de San Pedro Sula pronto seria revelada a nosotros como un lugar estratégico en los planes de Dios, planes no solo para él país de Honduras; pero en una perspectiva global a la vez.

El equipo para este viaje misionero había venido desde los estados de: Texas, Missouri, Illinois, Florida, Oklahoma, Ohio, y Mississippi. Así que al ser de tantos lugares era importante estar en un mismo sentir, si entienden lo que quiero decir.

Las 4 caras de la muerte

La unidad jugó una parte significante en el resultado de cualquier cosa que escogieramos hacer juntos para él Señor. Debido a la diversidad del grupo, teníamos un devocional mandatario cada mañana. Estos devocionales eran tan importantes como los cultos y reuniones que hacíamos en las iglesias cada noche porque *"La dirección trae consigo protección"*.

El primer dia todos disfrutaban de la compañía de los demás y recibiendo noticias de sus hogares. El tema central de la agenda para ese dia era recibir instrucciones acerca de las próximas tareas, esto desató gran emoción en la atmósfera.

Después del devocional tuve una plática con uno de los miembros del equipo que también es un gran amigo. Roger Ward y yo nos conocimos en 1989 en Broken Arrow, Oklahoma donde asistíamos a la misma escuela bíblica juntos. Ambos Roger y esposa, Darlene, me han acompañado a través de los años a otros viajes misioneros. También trabajan conmigo en el ministerio de evangelio en cárceles en Estados Unidos.

Él compartió conmigo un sueño que tuvo antes en él dia. Él explicó que no tiene sueños así cuando toma una corta siesta.

Él dijo *"Te veo parado en un campo donde hay una luz que brilla sobre ti y a tu alrededor. A unos cuantos pies está una*

Las 4 caras de la muerte

oscuridad total que tambien te rodea. Era difícil ver lo que había al otro lado de la oscuridad para tener una idea de donde estabas, pero parecía ser en cualquier lugar."

"Yo (Roger) comencé a preguntarte que hacias mientras tu (Wayne) señalabas a la oscuridad y estabas declarando en contra de ella. Decias al norte que entregaran sus muertos y luego hiciste lo mismo para todas las direcciones con los mismos gestos y decretos.

Y yo (Roger) me encontré gestionando y declarando en contra de la oscuridad al lado tuyo."

~

Estos devocionales eran tan importantes como los cultos y reuniones que hacíamos en las iglesias porque "La dirección trae consigo protección".

Alguna vez has sentido que parece que todo a tu alrededor desvanece? Asi me senti esa tarde parado en la cubierta de esa casa vieja mientras Roger compartía su sueño conmigo.

Ambos tomamos acción descrita en él sueño. Apuntando al norte, sur, este y oeste con los mismos comandos verbales. Estábamos seguros que tenía un significado especial este sueño pero íbamos a tener que esperar

Las 4 caras de la muerte

pacientemente para verlo.

Encontré este versículo en el libro de Isaías que parecía ser muy similar al sueño, pero en aquel momento no entendía cómo encajaba en él rompecabezas aún.

Era una promesa de Dios que Israel iba a ser reunida con él una vez más al final de su dispensación. Francamente, aún no lo entendía, o porque Roger decía que yo llamaba a la oscuridad a entregar a sus muertos.

Hay un entendimiento erróneo que la palabra muerte no es necesariamente que dejamos de existir cuando nos morimos. Aunque nuestro hombre exterior fallece en muerte, nuestro hombre espiritual, o el hombre interno, si no a nacido de nuevo es separado de la presencia de Dios para siempre. Me imagino a que se refería a ese tipo de separación.

Isaías 43:5-7 (RVR1960)
5 No temas, porque yo estoy contigo; del oriente traeré tu generación, y del occidente te recogeré.
6 Diré al norte: Da acá; y al sur: No detengas; trae de lejos mis hijos, y mis hijas de los confines de la tierra,
7 todos los llamados de mi nombre; para gloria mía los he creado, los formé y los hice.

Se que estas escrituras no mencionan específicamente la palabra muerte pero si habla de una separación. Siento que tenia que tener mucho cuidado de no sacar esta es-

Las 4 caras de la muerte

critura fuera de contexto para proveerme a mi mismo con una dirección lógica. (Una semilla puede quedar inactiva en la tierra, y después, cuando muere, trae consigo vida.)

Teníamos que esperar a que él Señor viera que era tiempo a revelar lo que significaba para nosotros. Seguía orando por un mejor entendimiento (revelación) del sueño de Roger. Pero por mientras, solo lo dejamos en un estante, figurativamente.

La primera noche esperamos con ansias todos los cultos que se habían organizado para nosotros. Durante las próximas tres semanas solo tendríamos cultos en la noche.

Además de los cultos en la noche, en las mañanas y tardes hacíamos visitas a las prisiones, escuelas y hospitales. Cruzadas también eran programadas en las calles de los parques y mercados- así que nuestros días se llenaban muy rápido.

Nos habían advertido que algunos de estos lugares eran muy peligrosos. Hasta la policía se preocupaba por algunos de nuestros cultos en el mercado.

Primera noche iríamos a una gran iglesia llamada La Cosecha. Queda en las afueras de la ciudad; camino al aeropuerto.

El culto fue debajo de una carpa que alojaba más de 7,000

Las 4 caras de la muerte

personas. Es una maravillosa experiencia estar en la presencia de Dios en estas enormes reuniones. El pastor también tiene una estación de televisión que estaba haciendo una transmisión en vivo de él culto a una audiencia de un estimado de un millón de televidentes. En esa noche en particular la carpa estaba completamente llena y con gente demás que salía por los lados a la oscuridad y en los bordes de la carpa.

Una semilla puede quedar inactiva en la tierra, y después, cuando muere, trae consigo vida.

Cuando llegamos él culto ya había comenzado. Nos pasaron al frente para ser sentados. Habia una energía que llenaba la atmósfera como electricidad todos de pie adorando a Dios.

Había canto y gritos en alabanza. Había miles de personas que estaban al frente de la plataforma, y ellos danzaban con todas sus fuerzas frente al Senor. Que pasión tienen estas personas para expresar amor y devoción por nuestro Dios! Desearia ver más de eso en nuestras iglesias propias en Estados Unidos.

Después el pastor empezó a dar instrucciones a la congregación; les pedía que se volten unos al norte, otros al

Las 4 caras de la muerte

sur y otros al este y otros al oeste. Él empezó a señalar hacia la oscuridad que rodeaba el borde de la carpa y daba instrucciones proclamando que cada dirección entregará a sus muertos.

Mire a mi amigo Roger y ambos nos empezamos a reír y regocijar mientras nos uniamos con ellos a gritar las mismas instrucciones que se nos habían dado en el sueño de Roger. Esa experiencia en la la cubierta de esa vieja casa ahora estaba siendo continuada bajo esta carpa mientras él pastor vertía con pasión su espíritu.

No podía esperar a ver lo que él señor nos tenía después pero sin duda yo no estaba preparado para lo que estaba por venir. El escenario ya estaba listo para una serie de eventos espectaculares que estaba dirigido bajo el Espíritu Santo. Las cosas estaban para pasar de ser ejecutadas en el ámbito de lo sobrenatural al ámbito natural en él que nosotros vivimos.

Las 4 caras de la muerte

Nos quedamos en la sede del ministerio (Juventud Para Cristo de Honduras) en la ciudad de San Pedro Sula, Honduras Centro America.

Capítulo 2
Está fue la preparación

Después de unos cuantos años de ir a Honduras: Yo creo que hemos tenido suficiente tiempo para averiguar ciertas cosas. Saben a lo que me refiero? Un hombre debe saber cuando es tiempo de trabajar y cuando es tiempo para descansar verdad? En nuestro primer viaje a Honduras en 1995, llegamos muy activos y nunca desperdiciando tiempo alguno. Al terminar ese viaje ya casi no teníamos voz y nos tardó varios días en recuperarnos del cansancio.

Fred Bishop (el fundador de *"No Greater Love Ministries"* (No hay amor más grande) del sur del estado Illinois), nos había invitado personalmente a venir con él en su ministerio de salvación (outreach). Él había estado sirviendo en Honduras por más de 25 años y trato de aconsejarnos acerca de siempre sacar tiempo para descansar, aunque no queríamos perdernos de nada.

Mirando en retrospectiva ahora, le hubiéramos hecho caso y no solo nuestras propias opiniones en cómo deberíamos de hacer las cosas. Pero ya saben como es verdad? Se vive y aprende.

Así que decidimos rentar un bus e ir a la playa para des-

Las 4 caras de la muerte

cansar. Yo era de la opinión de que veníamos a Honduras a ministrar y no a jugar. Después de todo somos ministros del Evangelio verdad? Y estamos en un viaje misionero o no?

Pensamos que sería inteligente llevar nuestro equipo de música con nosotros a la playa. Hicimos esto tratando de matar dos pájaros con una misma piedra. Podemos ir a jugar y ministrar al mismo tiempo. Después de llegar a la playa nos tomó más de una hora instalar nuestro equipo y empezar a tocar.

Lo chistoso fue que las únicas personas en la playa ese dia eran de nuestro propio grupo misionero. Una vez que ya por fin lo entendimos en nuestras cabezas y subimos de regreso todo nuestro equipo musical al bus y regresamos a la playa ya solo quedaba media hora para disfrutar. Pronto teníamos que regresar a San Pedro Sula para prepararnos para nuestros cultos nocturnos. Que decepción ese dia!

Después de aprender nuestra lección estábamos determinados en no volver a hacer él mismo error nunca jamás. Nuestro dia de descanso iba a ser para relajarnos.

Dos años después aprendimos a agendar un día de descanso para el primer lunes de nuestro viaje misionero. Íbamos a un lugar con cataratas de Pulhapanzak camino a Rio Lindo, Cortes en norte de Honduras.

Con la reputación de una de las cataratas más bellas del

Las 4 caras de la muerte

mundo sus aguas cristalinas salen del lado de una montaña en dos piscinas a las cuales uno puede nadar. Después fluyen juntas a una catarata de ciento cuarenta y dos pies (que solo es unos cuantos pies más corta que nuestras cataratas del Niágara). El agua cae a una rocas y después forma un bello río. No podía esperar a ver este lugar y tomar el tiempo para descansar.

~

Después de aprender nuestra lección estábamos determinados en no volver a hacer él mismo error nunca jamás.

Los primeros cinco a cuatro días de nuestro viaje fueron duros para nosotros mientras movíamos el equipo de sonido dentro y fuera de las iglesias después de cada culto al que asistíamos. A veces tenemos hasta tres reuniones en un solo dia; y cada vez tenemos que instalar y desinstalar nuestro equipo de música.

Hay que tener en mente: que él pueblo de Honduras no solo tienen cultos de una hora; muchas de estas reuniones llegan a extenderse hasta tres o cuatro horas a la vez, a veces uno ruega que por favor nos permitan parar.

Todos nuestros cultos consisten de al menos una hora para poder preparar nuestro set e instrumentos. Después tenemos alabanza y adoración por una hora, con una prédica

Las 4 caras de la muerte

y después se concluye con oración para la congregación.

Después nos tardaría otra hora deshacer todo el equipo y subirlo de regreso en el bus. Una vez de regreso en la casa, nosotros descargamos todo el equipo antes de caer rendidos en nuestras camas para tratar de encontrar un poco de descanso y volverlo a hacer todo de nuevo otra vez. No me estoy quejando en lo más mínimo; solo les quiero enseñar lo cansado que es el ministerio y con qué gran necesidad ansiabamos por tomar un dia de descanso.

El lunes por fin había llegado y él bus estaba cargado y con gasolina y listo para el viaje de dos horas y media. Un viaje a un lugar hermoso del cual muchos nos habían hablado.

Siempre damos la opción de quien desee quedarse en la casa descansando o de compras en la ciudad que lo haga, pero todos estábamos emocionados por ir a este bello lugar así que todo el equipo nos acompañó.

El viaje fue muy agradable aunque él bus no fuera cómodo. Con tan solo salir de la ciudad y ver el campo y cómo las personas de Honduras viven es siempre muy interesante y satisfactorio para mi. Cuando llegamos al parque era todo lo que nos habían dicho y más.

Unos jóvenes locales del parque ofrecieron ayudarnos y darnos un tour del área y tenían mucha información inte-

Las 4 caras de la muerte

resante que compartir así que nos fuimos con ellos. Había una fría y refrescante brisa que llenaba el aire mientras uno mira hacia el abismo grande de donde se genera la catarata.

Nuestros nuevos guías turísticos nos preguntaron si queríamos ir a una cueva que quedaba al pie de la catarata del otro lado, y yo pensé que sería estupendo. Yo crecí en el Lago de los Ozarks (Indios nativos de Oklahoma) en Missouri, y explorar en él agua era justamente mi especialidad.

Era largo el camino bajo el acantilado y no miramos claramente el camino, los niños que eran nuestros guías turísticos nos tenían brincando y deslizandonos de un lado a otro para poder llegar hasta él fondo.

Wow! Eso fue muy divertido, pero también un poco espantoso. Mientras nos movíamos más cerca de la catarata el sonido del agua cayendo era casi ensordecedor. Fue en ese momento en que empecé a darme cuenta de lo majestuosa que puede ser la voz de Dios. En el libro de Salmos Capítulo 29 versículos 3 y 4 se lee de está forma:

Salmos 29:3, 4 (RVR1960)
3 Voz de Jehová sobre las aguas; Truena el Dios de gloria, Jehová sobre las muchas aguas.
4 Voz de Jehová con potencia; Voz de Jehová con gloria.

Las 4 caras de la muerte

Uno casi podía oír a Dios hablando esas palabras llenas de poder, *"Nunca te dejaré ni te abandonaré, porque estoy contigo siempre"*.

Con la fuerte neblina y gran cantidad de agua que caía de la parte de arriba del acantilado sinceramente uno quedaba sin aliento. Cada respiro se daba con gran dificultad, uno tenía que darle la espalda a la catarata y agacharse y ponerse las manos alrededor de la boca para poder cubrirse y respirar aunque fue un poco de aire.

Había sido liberado de todas mis preocupaciones mientras me abría paso hacia la cueva en el otro lado de la catarata y a través de él rio. Teníamos que manobriarnos alrededor de una grandes rocas y unas piscinas que se formaban que eran lo profundas suficientes para nadar en ellas.

Disfrutamos de la frescura de la tarde que esta aventura nos habia regalado.

∼

Fue en ese momento en que empecé a darme cuenta de lo majestuosa que puede ser la voz de Dios.

De cierta forma era como estar aislado del resto del equipo, porque aunque estuviéramos parados cerca no nos podíamos oír hablar por él volumen del agua cayendo a nuestro

Las 4 caras de la muerte

alrededor. Pero mientras lentamente entrabamos a la boca de la cueva se sentía una paz indescriptible.

El sonido del agua parecía desvanecerse a millas de distancia y hubo un silencio que se asentó sobre todos nosotros mientras mirábamos a través de la catarata. Que tanto tiempo nos quedamos ahí, realmente no recuerdo, pero les garantizo una cosa: se sintió como eternidad de memorias.

Ahora venía la parte más difícil de esta excursión. Solo de pensar volver a escalar de regreso a la cima y fuera de este hoyo profundo no era un pensamiento placentero. Le dije a nuestros jóvenes guías, que este viaje cuesta arriba iba a ser muy difícil para varios en el grupo. Ellos contestaron *"No hay problema hay escaleras/gradas a la vuelta de la esquina"*. No podía creer lo que acababa de decir! Después de pasar por tan arriesgada aventura para bajar por él acantilado ahora nos damos cuenta que habían escaleras! Gracias a Dios logramos subir de regreso a la cima sanos y salvos.

Las 4 caras de la muerte

Pulhapanzak Waterfall, Honduras Central America

Capítulo 3
La Primera cara de la muerte
No la vimos venir

Fue una forma maravillosa de pasar el dia con todos nuestros amigos. Nos montamos de regreso al bus y empezamos nuestro camino de regreso. Manejamos a través de muchos pueblos y él camino o la carretera parecía bien pequeña para él tamaño de nuestro gran bus.

El primer encuentro fue con un hombre (que fue matado en la carretera) mientras regresabamos de las cataratas en Pulhapanzak.

Al ver por la ventana todo el bello paisaje, es fácil encontrarse enamorado de todo lo que Dios había creado. Uno hasta llega a sentir que todo fue creado justo para uno mismo.

∼

Uno casi podía oír a Dios hablando
esas palabras llenas de poder,
"Nunca te dejaré ni te abandonaré,
porque estoy contigo siempre".

Las 4 caras de la muerte

Todos estábamos alabando a Dios por la maravillosa manera en que nos había dado la oportunidad de venir a un lugar tan hermoso, cuando de repente un pequeño carro pick up acelera a gran velocidad y nos rebasa.

El conductor del carro llevaba una carga de como 100 libras de sacos de arroz y frijoles montados en la paila sobrecargando al carro. Además estábamos en una área muy poblada en donde tenía que haber manejado con mucha más precaución: habian personas caminado a ambos lados de la carretera aun con lo angosta que era.

El carro se balanceaba de un lado a otro, parecía que se iba a voltear en cualquier momento por todo el peso que llevaba encima. Parecía que él carro no tenia amortiguadores o resortes y solo estaba en él marco del carro, un carro en este estado no se permitirá en Estados Unidos.

Seguimos el camino como una milla y media más hasta que volvimos a ver el carro. El conductor había perdido el control del vehículo y se había descarrilado y chocado en una alcantarilla de cemento al lado de la carretera. Ahí acorralado por un puente estaba estancado el vehículo. Cuando eventos así suceden rápidamente se forma una multitud de personas y parecia que habian salido de la nada. Mauricio era él que manejaba nuestro bus y preguntó si debíamos parar, alguien de atrás del bus dijo *"Si hay una bicicleta debajo del carro!"*. Así que nos parqueamos donde pudimos en la carretera.

Las 4 caras de la muerte

Está tragica situación se nos presento sin ningun aviso: un momento estábamos adorando a Dios y él otro se nos presentó este dilema. Shawn (miembro del equipo) abrió la parte trasera del bus y todos bajamos para salir a la carretera a tratar de ayudar.

El carro estaba muy pesado con todo él cargo que tenía y tomó que varios hombres lo empujaran para poder moverlo. Debajo estaba la persona que andaba en la bicicleta que había sido atacado por él carro y él puente. Pudieron mover su cuerpo y ponerlo al lado de la carretera. Parecía como si un saco de papas había sido aplastado.

Seguíamos con nuestros trajes de baño porque veníamos de las cataratas, pero mientras bajábamos del bus senti que debia ponerme los pantalones y presentarme formalmente como un ministro de Dios. Cuando oí estas palabras *"Él está muerto"* todo empezó a moverse en cámara lenta. Todo lo que estaba sucediendo parecía ser una escena de una mala película con baja calidad.

Para cuando me cambié y me baje del bus otra multitud ya se había formado alrededor del cuerpo. Cuando me acerque a la escena cuatro de nuestros miembros del equipo ya lo tenían rodeado y oraban intensamente por él. La esposa del hombre herido y sus hijos estaban llorando inconsolablemente.

Teníamos en nuestro equipo un capitán del departamento

Las 4 caras de la muerte

de bomberos en New Orleans (Estados Unidos), él había entrenado para este tipo de accidentes.

Después de examinarlo, él dijo que él hombre había muerto y que no habia oxigeno fluyendo por su sangre. George otro miembro del equipo, estaba tratando de limpiar la cara del hombre con un pañuelo que él tenía.

El drama de la familia del hombre parada junto a él le había causado una gran impresión y él se miraba en medio de toda la angustia.

La cabeza del hombre había sido aplastada y severamente hundida; su quijada estaba quebrada y la parte baja de su boca miraba a la dirección contraria. Su pecho derecho y hombro también habían sido aplastados y él había soportado varios golpes al resto de su cuerpo; también hay que agregar que tenia varias cortadas y la pérdida de sangre era tremenda.

Era trágico ser testigo a este tipo de evento. Sin importar por lo que uno esté pasando jamás se siente listo para presenciar algo así. Aun cuando uno sabe que algo está a punto de suceder, uno igual tiene que lidiar con él shock de todo.

Lo que sucedió después fue absolutamente increíble. Mientras oramos sentíamos una fuerte presencia que llenaba la atmósfera. Ustedes conocen ese sentimiento justo antes que alguien va a tomar una foto con flash? En ese momento uno

Las 4 caras de la muerte

puede cerrar los ojos y aun voltearse lejos de la luz brillante en un movimiento involuntario. Eso es exactamente lo que me paso a mi.

Voltee mi cabeza por solo un momento y cuando voltee la vista de regreso vi que él hombre estaba sentado y con vida. Su cara y su cabeza estaban nuevamente alineadas con su pecho y hombro, todo normal de nuevo.

Él escupió un poco de sangre y preguntó qué había pasado. Un momento él hombre estaba tendido en el suelo muerto y él siguiente momento él estaba sentado y parecía estar perfectamente normal!

∽

Mientras oramos sentíamos una fuerte presencia que llenaba la atmósfera.

Alguien me preguntó después que sí tuve la oportunidad de predicar a la multitud cuando los tenía a todos ahi. Y le dije *"Que iba a decir? Yo vi lo mismo que ellos vieron"*.

Mucho después, estaba compartiendo este increíble testimonio y alguien me dijo que no creía posible que alguien resucite después de haber sido declarado muerto. *"Yo se que es muy duro de creer que alguien pueda ser resucitado"* Le conteste, *"Pero si él no estuviera muerto, estaba severamente herido; y Dios lo restauró de nuevo a la normalidad en frente de todos esos testigos."*

Las 4 caras de la muerte

Le dije que había sido testigo de uno de los más poderosos y milagrosos sermones posible, que alguna vez pudiera predicar o ver. No hay hombre que pueda predicar tan buen mensaje excepto por Jesucristo en persona; junto con él sermón estaba dando una ilustración en vivo. La multitud pasó del llanto a levantar las manos en el aire y adorar a Jesús por lo que había hecho.

Ellos no necesitaban que alguien les explicara qué había ocurrido. Ellos ya le estaban dando el mérito a Jesús por esta maravillosa presentación de misericordia y compasión sin nadie dándoles su opinión de lo que habían atestiguado.

Había un doctor pasando de camino y él se detuvo a examinar a la persona. Varios hombres ayudaron al de la bicicleta a levantarse del suelo y mientras lo cargaban él seguía en la misma posición sentado. Él hombre se estaba quejando de ser

llevado a un hospital. Lo pusieron en la parte atrás de un carro y se fueron manejando con él insistiendo que se sentía bien y que no quería ir al hospital.

Mientras abordamos de nuevo nuestro bus muchos estábamos sin palabras, mudos. Nos tardo como una hora desde ese punto hasta llegar a la casa. No había mucha platica y un hombre, Frank lloraba todo el camino a casa desde la parte de atrás del bus.

Las 4 caras de la muerte

E escuchado de este tipo de cosas sucediendo, pero ser testigo a primera mano es algo que me brinda mucha humildad. Así como pueden imaginarse quedaron muchas preguntas sin respuestas de lo que acababa de ocurrir.

Una vez de regreso en la casa, todos comenzaron a hablar al mismo tiempo tratando de explicar lo que habían visto. Yo me sentí con él deseo de decirles a todos que nos fuéramos a dormir y dejar que él señor nos hablará esta noche.

Después en la mañana, cuando nos despertaramos examinaremos la evidencia y escribirlo exactamente cómo sucedió y como lo vimos suceder.

No estaba seguro como el resto trato de dormir esa noche, pero a mi me costó mucho digerir lo que había presenciado; ore porque hubiera paz en todos nosotros. Existía un gran misterio que había sido desplegado delante de nosotros, y muchos de nosotros íbamos a tener que drásticamente cambiar nuestra forma de creer.

Algo en lo que pensaba mucho era en lo normal que este extraordinario evento se sentía. Era como si esta era la forma de hacer las cosas. No había ningún sentimiento de espanto o si estábamos en una leyenda o algo asi. Ore porque pronto fuera la mañana siguiente.

No estoy seguro a que hora me logre dormir pero cuando desperté a la mañana siguiente sentía un gran deseo, como

Las 4 caras de la muerte

una llama que estaba lista para ser satisfecha con algún tipo de alivio.

Capítulo 4
Todas las cosas son posibles Al que cree

Esa mañana la casa estaba llena con emoción mientras todos se reunían en el comedor para el desayuno. Risas y energía irrumpieron el silencio de la noche en gran anticipo, casi como niños despertando en Navidad.

Todos estaban listos para saltar el desayuno y empezar la discusión. Necesitamos que Dios nos ayudará a tener dirección en la reunión para poder escribir todos los detalles en orden y así poder tener una descripción confiable de lo que íbamos a testificar a otros.

Empecé por compartir lo que vi, *"Yo recuerdo al cruzar el puente ver a un hombre tendido en el suelo con su esposa e hijos alrededor de él sollozando. Varios miembros del equipo ya se habían posicionado alrededor del hombre y estaban orando por él. Muchas personas estaban alrededor de la persona también para ver si había señales de vida."*

Joe, quien era el capitán de los bomberos de New Orleans, explicó que él oxigeno en la sangre hace que la misma coagule y se ponga roja, pero la sangre del hombre estaba

Las 4 caras de la muerte

azul y sin pulso.

Frank nunca dijo nada de ese día, pero después dijo que él sintió el poder de Dios pasar por él: por eso no pudo hablar en todo el camino de regreso a la casa. Supongo que nunca sabremos exactamente que sucedió ese día.

Mientras continuamos compartiendo lo que había pasado, George dijo que había oído al Señor decirle claramente que le agarrara de los pies al hombre. Él pensó que sonaba muy absurda esa instrucción mientras tenia la escena delante de él. George contó cómo él buscó él panuelo de manera frenética para limpiarle la cara al hombre y también miraba desesperadamente a la cara de su esposa e hijos.

Después Shawn nos dijo que él Señor le había hablado a él también y le había dado las mismas instrucciones que tomara los pies del hombre, así que él obedeció y lo hizo. Ahí en esa conversación George se dio cuenta de que él había oído a Dios decirle lo mismo. George se sento y empezo a llorar agradeciendole a Dios que alguien más había oído su voz y lo había obedecido.

Lo que presencie después fue indescriptible. Le dije al grupo *"Que para mi fue como un flash, un destello de luz como si de una cámara que causo que me volteara por un solo segundo. Cuando regrese la mirada él hombre ya estaba sentado derecho y sano. Su cara estaba completamente de regreso a la normalidad, su hombro y pecho estaban de

Las 4 caras de la muerte

nuevo a la normalidad. Él escupió sangre de su boca y luego preguntó qué había pasado!"

"En un momento él hombre estaba tendido muerto en el suelo y él otro momento sentado y viéndose completamente normal, excepto por la sangre en su ropa que demostraba que había estado en un accidente. La gente pasó del llanto a la alegría de ver el milagro que Dios había realizado en frente de ellos. Un doctor paso y entre otros hombres lo recogieron y pusieron en la parte de atrás de un pick up (carro con paila) y mientras se iban él decía que estaba sano que nada malo le pasaba!"

Con eso, fuimos lanzados a una serie de eventos que me causaría buscar con más profundidad respuestas acerca del sueño que Roger había tenido y lo que acabamos de presenciar con este hombre en la carretera. Cuando uno ve algo tan dramático como un hombre que estaba muerto en la carretera y después vivo pues la mente lo quiere negar. Yo soy Cristiano y busco por mis respuestas de la palabra de Dios, la biblia.

Aquí hay unas cosas que fui capaz de aclarar que me ayudaron a entender mejor esta increíble historia.

Está primera experiencia de las cuatro caras de la muerte que experimentamos en este viaje, me enseño que, aun cuando uno comparta de esta increíble experiencia la mayoría de las personas te llamaran un mentiroso

Las 4 caras de la muerte

descarado porque no pueden creer que sea posible. Aún nuestro propio conductor del bus que estaba ahí no podía creer que él hombre había muerto.

∽

Un momento él estaba en el suelo y él próximo estaba sentado y se miraba perfectamente normal....

Lucas 16:19-31 (RVR1960)
19 Había un hombre rico, que se vestía de púrpura y de lino fino, y hacía cada día banquete con esplendidez.
20 Había también un mendigo llamado Lázaro, que estaba echado a la puerta de aquél, lleno de llagas,
21 y ansiaba saciarse de las migajas que caían de la mesa del rico; y aun los perros venían y le lamían las llagas.
22 Aconteció que murió el mendigo, y fue llevado por los ángeles al seno de Abraham; y murió también el rico, y fue sepultado.
23 Y en el Hades alzó sus ojos, estando en tormentos, y vio de lejos a Abraham, y a Lázaro en su seno.
24 Entonces él, dando voces, dijo: Padre Abraham, ten misericordia de mí, y envía a Lázaro para que moje la punta de su dedo en agua, y refresque mi lengua; porque estoy atormentado en esta llama.
25 Pero Abraham le dijo: Hijo, acuérdate que recibiste tus bienes en tu vida, y Lázaro también males;

Las 4 caras de la muerte

pero ahora éste es consolado aquí, y tú atormentado.
26 Además de todo esto, una gran sima está puesta entre nosotros y vosotros, de manera que los que quisieren pasar de aquí a vosotros, no pueden, ni de allá pasar acá.
27 Entonces le dijo: Te ruego, pues, padre, que le envíes a la casa de mi padre,
28 porque tengo cinco hermanos, para que les testifique, a fin de que no vengan ellos también a este lugar de tormento.
29 Y Abraham le dijo: A Moisés y a los profetas tienen; óiganlos.
30 Él entonces dijo: No, padre Abraham; pero si alguno fuere a ellos de entre los muertos, se arrepentirán.
31 Mas Abraham le dijo: Si no oyen a Moisés y a los profetas, tampoco se persuadirán aunque alguno se levantare de los muertos.

Para aquellos que creen que en Dios, si van a sus biblias, puede que vean estos versículos escritos en rojo. Las letras de color rojo indican que esas Palabras fueron dichas por Jesucristo; él único hijo de Dios, (quien por cierto tambien resucito entre los muertos).

Pero aún tienes problemas creyendo en sus palabras?

"Yo oro que los Estados Unidos de América se arrepientan y lleguen a conocer nuestro senor y salvador Jesús como lo hacen en Honduras."

Las 4 caras de la muerte

Él propósito principal de estos viajes a este país:
1. Permitir que Dios trabaje en nuestras vidas a través del crecimiento personal que viene de este tipo de viajes misioneros.
2. Estamos saturados en el corazón del ministerio mientras servimos en varias iglesias cada noche. Las cosas que pasan en estos cultos son increíbles mientras Dios alcanza el corazón de las personas con demostraciones que van más allá de palabras. Hacemos cruzadas, conferencias en alabanza y hablar con los líderes de la nación.
3. Trabajamos lado a lado con los equipos de ministerios y les traemos comida y equipos médicos mientras viajamos a través del país de Honduras por pequeños pueblos y las ciudades también.

Capítulo 5
La segunda cara de la Muerte
Un hombre fue matado en la carretera

La siguiente semana después del milagro de la primera muerte del hombre, todo nuestro equipo parecía tener energías y entusiasmo para compartir con la gente que tan poderoso nuestro Dios es. Nos estaba tomando mucho tiempo digerir lo que ya estaba sucediendo en este maravilloso viaje en él que Dios nos estaba dirigiendo.

Y después volvió a suceder, sin ningún aviso nos encontramos en otra escena de nuevo, otro hombre muerto en la carretera en frente de nosotros. Otra vez paso en un lunes y otra vez de regreso de la playa en nuestro día de descanso.

Estábamos en una carretera de cuatro carriles regresando de la ciudad de La Lima Cortes: justo a 10 millas del oeste de San Pedro Sula. La multitud ya se había empezado a formar en ambos lados de esta gran carretera para ver la terrible escena.

Alguna vez se han preguntado por qué tanta gente quisiera detenerse a ver algo así? La mayoría de nosotros parecemos

Las 4 caras de la muerte

estar obsesionados con accidentes y muertes trágicas. Sin embargo al mismo tiempo, tememos miedo de la realidad que nos enfrenta cuando somos testigos de la muerte.

Los bomberos, los paramédicos y el canal de noticias (canal 6) ya estaban ahí y un arbol que habia caido lo movieron y usaron para bloquear el paso y así que nadie demolió más el cuerpo del hombre muerto en la autopista. Cuando parqueamos el bus nuestro equipo se bajó rápidamente esperando ver a Dios resucitar a este hombre muerto como lo había hecho la semana anterior.

Comparto los detalles de lo que sucedió no por ser morboso pero para compartir lo que sucedió tan trágicamente ese dia. Todo es para explicar cómo la mano de Dios de misericordia se extendió con la familia de este hombre mientras sufrían de tal manera.

Mientras me baje del bus, escuche estas palabras *"Yo no voy a resucitar a este individuo"*. Justo detrás del bus vi una bicicleta atascada y unas manos extendidas debajo. Al parecer el hombre parecía ir saliendo de la ciudad cuando él manejaba su bicicleta. Alguien chocó contra él y él impactó lo envió hasta la otra parte de la carretera donde él traffico opuesto lo atropelló.

Su esposa estaba junto a él en un estado de shock. Jim Coleman, uno de nuestros ministros la estaba consolando y cuando la toco cayó bajo el poder de Dios al lado del

Las 4 caras de la muerte

cuerpo de su esposo. El equipo de rescate corrió a asistir pero Jim les dijo que ella estaba bien y que Dios la había tocado en ese momento. Ellos se voltearon y alejaron de ella...hum, interesante?

∽

Mientras bajaba del bus escuche las palabras que salían de mi espíritu decir "*A este no lo voy a salvar*"

Joe, nuestro bombero de New Orleans estaba en sus rodillas al lado del hombre orando por él. Me miro a mi y pregunto "*Dios lo hara de nuevo?*" Yo sabía en ese momento, que él hombre no reviviría así que moví mi cabeza diciendo no.

Mauricio nuestro conductor del bus había bajado notas que comparten el evangelio de Dios y las estaba compartiendo con todos los que estaban ahí. Él oró que la mayoría aceptaran a Jesús en sus corazones.

Después de la multitud salió una mujer llamada Rosa hablando (en Ingles) diciendo, "*Yo se que Dios va a hacer algo grandioso aquí.*" Me enteré después que ella era cuñada del hombre muerto. Yo estaba parado a no más de cuatro pies del cuerpo del hombre y se podía ver la sangre salir de su brazo. Yo estaba completamente enfocado en la escena que sucedía frente a mi. Después un gentil hombre de la estación de televisión se me acerco a mi y me hizo una

Las 4 caras de la muerte

pregunta que me agarró completamente desprevenido.

Él dijo, *"Está es una estación Cristiana de radio de arriba en las montañas. Tenemos una maratón de todo el dia para poder recaudar dinero y mantener la estación otro año más."*

También me dijo que él hombre que era dueño del canal de televisión estaba en San Pedro Sula, él era un ateo pero les había permitido usar sus instalaciones por todo un dia sin ningun costo. El reportero después invitó a nuestro equipo de alabanza a ir a tocar a la estación en vivo al aire.

Yo acepte ir a la estación y el resto de lo que sucedió en la escena se sintió borroso y subimos al bus de nuevo a la ciudad nuestra base. Lo que sí recuerdo es que era muy extraño que esa invitación sucediera justo al lado de este hombre muerto en la autopista. Una vez más no se oía mucha plática en el bus. Pero lo que nos esperaba el próximo día iba a aclarar el misterio que había sucedido delante de nosotros en ese dia.

El aire la siguiente mañana estaba lleno de confusión mientras nos reunimos para nuestro devocional diario del dia. La pregunta que resaltó más que ninguna otra con todos fue, porque Dios no había resucitado a él segundo hombre? Así que ahora nuestro entusiasmo de antes se había convertido en confusión y entonces viene la pregunta ahora qué?

Capítulo 6
El resto de la historia

Si recuerdan en el primer caso la primera muerte que encontramos, dos de nuestros miembros del equipo dijeron como escucharon a Dios decirle que agarraran los pies del hombre. Aunque eso suena extraño; en ese caso, uno obedeció y él otro no. Pero él momento en que Shawn obedeció y él hombre se pudo sentar y así fue salvado por Dios.

Le pregunte al grupo en nuestro devocional, si alguno había oído la voz de Dios decir que iba a hacer a este segundo hombre muerto revivir como él primero. Después les dije lo que Él me había dicho a mi acerca de no resucitar al segundo hombre. Entiendo que puedan tener problemas con que yo diga que Dios me hablo. Asi que aqui estan unas cuantas escrituras bíblicas que creo apoyan lo que estoy compartiendo aquí. Yo me tomo enserio que la Palabra de Dios es mi fuente de fe y no me disculpo por usarla en mi defensa.

"Así que la fe viene del oír la palabra [Rhema] de Dios. of God" (Ro 10:17). Si no puedes oír la Palabra de Dios cuando se te dice, cuando él te habla entonces cómo vas a alguna vez tener fe? Sería posible que un Dios justo

Las 4 caras de la muerte

te pida que tengas fe y después ser un Dios quien no te pueda hablar jamás? Nuestro Padre en el Cielo no es un simple ídolo como muchos 'otros' dioses que vemos a través del mundo.

Él es muy capaz de hablarnos a nosotros cuando él momento surge y es necesario. Cuando Dios nos habla Él no responde porque hayamos hecho alguna fórmula religiosa o ritual.

En él evangelio de Juan capítulo nueve, podemos ver que Jesús estaba sanando a un hombre ciego mezclando tierra y su saliva creando lodo y untandolo en los ojos del ciego. Después Él envió al hombre a la piscina de Siloam a que se lavara el lodo de sus ojos y fue sanado milagrosamente.

Un amigo mio de Illinois intento hacer exactamente lo mismo que Jesús y fue echado fuera de la prisión en donde ministraba. Si él escuchó a Dios decirle que hiciera esto (como Dios lo había hecho con Jesús) entonces él hombre ciego hubiera sido sanado inmediatamente. No hay fórmula que cause que Dios sane a alguien de parte tuya. La fe viene de oír la Voz de Dios y luego obedecerla (o tomar acción) en respuesta a lo que Dios te indico hacer.

Uno nunca podra sanar a alguien solo por su propio deseo; Dios es él que sana, el sanador- tú no. Jesús sanó él ciego con otros medios, pero por cuestión de tiempo ustedes pueden ir a la Biblia y leer de cómo él sanó a diferentes

Las 4 caras de la muerte

personas de diferentes formas. Estas hazañas se encuentran en *(Mt 9:29; Mr 10:52)*.

Cual era el secreto del ministerio de Jesús? Yo quiero presentar la noción de que era porque Jesús tenía una relación establecida con su Padre Celestial.

Jesús dijo *"Yo siempre hago las cosas que agradan al Padre" (Juan 8:29)* Porque la condicion del corazon de Jesus siempre está correcto (esto se puede decir de uno mismo siempre? Un corazón duro puede impedir el escuchar la voz de Dios) con su Padre Celestial, solo así él puede obedecer la voz de su p dre.

Jesús lo dejó muy claro, *"Él hijo no puede hacer nada por él mismo. Él hace solo lo que ve al Padre hacer, y en la misma manera que él ve al Padre hacerlo" (Jo 5:19 TLB)*.

Un pasaje más de escritura Bíblica quiero dejar aquí a mi defensa de que la voz de Dios se puede oir: se encuentra en *Juan 10*.

Juan 10:27-30 (RVR1960)
27 Mis ovejas oyen mi voz, y yo las conozco, y me siguen,
28 y yo les doy vida eterna; y no perecerán jamás, ni nadie las arrebatará de mi mano.
29 Mi Padre que me las dio, es mayor que todos, y nadie las puede arrebatar de la mano de mi Padre.
30 Yo y el Padre uno somos.

Las 4 caras de la muerte

~

Cuando Dios nos habla no nos responde por una fórmula o forma religiosa.

Si no crees en Dios todo esto no tiene nada de sentido de todas formas. Pero para todos aquellos que han llamado en él Nombre de Jesús y lo han recibido a Él en sus corazones, entonces ahora eres su oveja y también tienes derecho como hijo de Dios a oír su Voz.

Así que regresemos al devocional de esa mañana. Porque teníamos una cita en la estación de Televisión, nuestra reunión tenía que ser más corta. No solamente teníamos que ir a la estación de Televisión pero tambien teniamos una reunion en la Asociación de Pastores en la ciudad esa mañana, así que era un dia ocupado.

Cuando llegamos a la estación Mike y él resto del equipo comenzó a instalar nuestro equipo para el programa. El comentador de noticias que nos había invitado a su lugar vino y me preguntó si conocía al hombre en la carretera. Le dije que nunca lo había conocido y después él comenzó a decirme está increíble historia acerca del hombre.

Él dijo que él lo había conocido por mucho tiempo y que él era una de las personas más amables que alguna vez podrías conocer. Él contó que la persona atendía a quien fuera y hacia todo lo posible por ayudar a todos. Solo unos

Las 4 caras de la muerte

cuantos días antes él había llegado a su oficina y le había dicho a él que tenía este sentimiento horrible que se iba a morir. Entonces él señor de la estacion de television le pregunto a su amigo si había aceptado a Jesús en su corazón y él dijo *"No aun no."*

Entonces él le dijo que tenía que hacerlo inmediatamente, así que él oró y el hombre recibió a Jesús en su corazón; él accidente sucedió dos días después tomándole su vida. Alabado sea Dios por su gran misericordia y la obediencia de su amigo.

Habíamos terminado nuestra visita a la estación y después fuimos a la reunión de la Asociación de Pastores que siempre sucede todos los Martes. Cuando llegamos se podía sentir la tensión en el aire porque había pastores tratando de decidir si hiban a participar en él maraton de ese dia o no.

Les dije que había venido de la maratón y que nos parecía una buena oportunidad para alcanzar y predicar a los perdidos, ya que era una estación secular y no cristiana. Así que todos se asentaron para que la reunión empezará y muchos de los pastores si lograron decidir ir al programa después.

Estoy sentado en la parte de atrás de la iglesia (donde se hacen las reuniones de la Asociación) y entonces entra Rosa (la cuñada del hombre muerto en la carretera) y me encuentra y se me acerca en lágrimas. Tienes que entender, esta es una ciudad de tres a cuatro cien mil personas y es la

Las 4 caras de la muerte

tercera ciudad más grande del país y me llega a encontrar a esta reunión. Me conmueve su angustia mientras me comienza a compartir su parte de la historia.

Recuerdan cuando dije que ella creía que Dios iba a hacer algo grandioso en ese lugar ese día?

Ella me explico como siempre había querido que su cuñado aceptara a Jesús en su corazón muchas veces lo había intentado. Con lágrimas en los ojos me dijo *"Me atormenta mi alma porque sé que él se a ido al infierno. Yo no podía ir al velorio por el dolor que sentía por su alma en mi corazón"*.

Yo tuve la oportunidad de darle un poco de paz a su angustia ya que pude compartir el testimonio que me habían dado antes en la reunión, de cómo él se acababa de salvar dos días antes del accidente. Ella estaba tan feliz que empezó a gritar y reír; y después las lágrimas de la alegría pura empezaron a salir de sus mejillas, Amen!

∽
Alabado sea Dios por su Misericordia y por la obediencia de un amigo

Ella también me dijo después que había estado en una de las cruzadas en uno de los estadios la noche antes de la muerte de su cuñado (el hombre en la carretera) y alguien se le había acercado para decirle que fuera fuerte en su fe porque algo malo iba a suceder pronto. Yo sentía en mi

Las 4 caras de la muerte

corazón que teníamos que haber ido a esa cruzada a esa reunión en el estadio, pero no teníamos transportación esa noche y no pudimos asistir. Nunca sabré lo que podría haber sucedido si hubiéramos estado ahí esa noche, pero sin duda aprendí la importancia de tratar de traer un bus a Honduras y nunca sufrir por falta de transporte.

Yo pense que era el final de la historia pero había más por venir. Hay dos historias más con la cara de la muerte en ellas, pero necesito avanzar un poco para compartir más acerca de esta segunda cara de la muerte.

Estábamos en él aereopuerto alistandonos para nuestro retorno a Estados Unidos. La mujer detrás del counter fue muy amable y me dio sus manos y me agradeció por el servicio a su país como misioneros que somos. Por un momento pensé que me agradecia porque no me había enojado cuando ella me dijo nuestras maletas tenían sobre peso. Hice los ajustes necesarios y me dirigí a la aduana con el resto del equipo.

["Me avergüenza tener que decir esto pero durante muchos años e visto como predicadores se vuelven descorteses y exigentes con las que atienden en los counters. Me avergonzaba hasta un poco decir que yo era un ministro también.

Pero bueno eso es suficiente con mis quejas."]

Las 4 caras de la muerte

Mientras subíamos hacia los escáner en el aeropuerto, Danny (mi hermano mayor) se me acercó y me pregunto si la mujer en el counter me había dicho algo. Le conté que ella nos estaba agradeciendo por lo que habíamos hecho por su país y por haber ayudado a la familia del hombre que había muerto en la carretera. Ella lo conocía a él porque él trabajaba cargando maletas en el aeropuerto, es un mundo pequeño no?

Está historia mejora con él tiempo, pero por ahora quiero continuar compartiendo los eventos de este viaje que son el testimonio de la tercera cara de la muerte. Cuando termine el último capítulo de este libro compartiré más detalles sobre Rosa y otras personas que fueron parte de la historia.

Capítulo 7
La Tercera Cara De la muerte
Un hombre muere de Miedo

Este capítulo puede ser un poco más difícil de relatar los detalles de los eventos que sucedieron antes y después de su muerte así que un poco de paciencia es apreciada mientras veo cómo explicar esta historia.

Mientras continuo nuestra aventura llamada *"Las cuatro caras de la Muerte"* recibí una llamada de un amigo pastor de Mauricio que vivió en las montañas de un pueblo llamado Ocotepeque. Este pueblo está bajo una de las montañas más grandes del Este de Honduras.

El hombre que lo llamo era pastor de una iglesia de ahí, y su hijo había sido asaltado a mano armada con una pistola y estaba alterado por la confrontación. El temor ya había causado su daño y ahora tormenta al hijo de este pastor, mucho más allá de un temor normal. Él pedía alguna escritura bíblica para poder compartir con su hijo acerca del temor que le pudiera brindar paz. Así que le enviamos una escrituras para poder traer paz y confort a este dilema.

2 Timoteo 1:7 (RVR1960)
7 Porque no nos ha dado Dios espíritu de cobardía, sino de poder, de amor y de dominio propio.

Las 4 caras de la muerte

Filipenses 4:6-7 (RVR1960)
6 Por nada estéis afanosos, sino sean conocidas vuestras peticiones delante de Dios en toda oración y ruego, con acción de gracias.
7 Y la paz de Dios, que sobrepasa todo entendimiento, guardará vuestros corazones y vuestros pensamientos en Cristo Jesús

1 Juan 4:18 Reina-Valera 1960 (RVR1960)
18 En el amor no hay temor, sino que el perfecto amor echa fuera el temor; porque el temor lleva en sí castigo. De donde el que teme, no ha sido perfeccionado en el amor.

Romanos 8:26 (RVR1960)
26 Y de igual manera el Espíritu nos ayuda en nuestra debilidad; pues qué hemos de pedir como conviene, no lo sabemos, pero el Espíritu mismo intercede por nosotros con gemidos indecibles.

2 Timoteo 1:6-7 (RVR1960)
6 Por lo cual te aconsejo que avives el fuego del don de Dios que está en ti por la imposición de mis manos.
7 Porque no nos ha dado Dios espíritu de cobardía, sino de poder, de amor y de dominio propio.

Romanos 8:15 (RVR1960)
15 Pues no habéis recibido el espíritu de esclavitud para estar otra vez en temor, sino que habéis recibido el espíritu de adopción, por el cual clamamos: !Abba, Padre!

Las 4 caras de la muerte

Hebreos 13:6 (RVR1960)
6 De manera que podemos decir confiadamente: El Señor es mi ayudador; no temeré, Lo que me pueda hacer el hombre.

El temor en este joven era tan fuerte que falleció dos días después del temor.Le dije a Mauricio que fuéramos a las montañas a orar por su familia. Mauricio estaba dispuesto a ir hasta que le dije que quería orar por él joven también. A lo que él respondió *"Pero él ya está muerto!"* y yo respondí *"Sí y él de la carretera también estaba muerto"*. Él no me quería llevar a la montaña la cual fue la segunda razón del porque conseguir nuestro propio bus.

∼

Porque Dios no nos ha dado el espíritu del miedo; pero de poder, y de amor, y de una mente sana.

Yo pense que seria el final de la historia, pero me equivoque. Dios tenía un trabajo sin terminar con este tercer hombre, y pronto me involucraron en este testimonio otra vez.

Así que para poder compartir esta historia necesito avanzar con compartir un poco de la cuarta cara de la muerte que nos encontramos en este viaje.

Fue ocho meses después de que regresamos a Tulsa, Okla-

Las 4 caras de la muerte

homa en Estados Unidos mientras nos preparábamos para nuestra siguiente visita a Honduras estaba en mi oficina orando. Para no tener que explicarme voy a decir que tuve un sueño (aunque estaba despierto cuando sucedio asi que muchos lo llamarian una visión). Pero tuve un sueño que estaba en un bus y ibamos subiendo una montaña. Quedaba en lo alto y era hermosa, una de las vistas más bellas que un hombre pueda ver.

Medio camino subiendo la montaña nos encontramos con una horrible tormenta, las nubes estaban oscuras y los relámpagos y truenos caían por todos lados. Entonces mientras llegamos a la cima de la montaña, irrumpimos la tormenta. Podíamos ver de la cima para abajo y debajo de nosotros veíamos la tormenta con truenos y todo. En la cima se podía ver por millas y millas vistas hermosas sin tormenta. Recuerdo que en este sueño/visión todo era tan maravilloso que ansiaba ir a este lugar y visitarlo. El sueno desaparece tan rápido como había empezado. Me encontré orando por este hermoso lugar y me imagine donde lo podía haber visto antes ya que era tan vivido.

Dos meses después llegamos a San Pedro Sula y fuimos a nuestro refugio familiar en los ministerios de *"Juventud para Cristo"*. Mauricio nos había organizado el itinerario, ya qué la mayoría de iglesias y lugares tiene los nombres en español; trato de preocuparme poco en saber adonde vamos y solo confio en Dios.

Las 4 caras de la muerte

Fuimos a un pueblo llamado, La Entrada. Este pueblo tiene ese nombre por ser la Entrada del estado de Copan. Hay un lugar turístico *"Las ruinas de Copán"* con ruinas de la cultura Maya donde hacían muchos sacrificios, este lugar atrae a muchas personas. Miles de personas fueron sacrificadas en ese sitio en honor a sus dioses. No entiendo porque un lugar así motivaría a las personas a visitarlo, me parece horrible. Hubo mucha brujería en ese lugar y ensi en todo el pueblo. Nos instalamos para poder hacer una cruzada en la noche en el centro del pueblo en el parque principal.

Muchas personas vinieron a ver que tenían que decir estos gringos, osea nosotros los americanos. La policía local nos pidió orar antes de nuestra reunión porque había un hombre que estaba pasando por el pueblo/ciudad asesinando personas y que ya había matado a cinco personas csa noche. Durante la reunión/cruzada acababa de suceder un accidente en la carretera principal que también había tomado la vida de cuatro personas más. Asi que ya había nueve personas que habían perdido sus vidas durante la primera noche de nuestra cruzada en ese pueblo.

Cuando dimos el llamado a pasar al frente, al altar nadie se acercó. Todos se pararon en el borde del parque y parecían tener miedo de moverse. Un hombre alto con una vara empezó a avanzar y estaba diciendo cosas que no lograba entender. Él no estaba hablando espanol y tambien se podia notar que su tono no era muy amigable.

Las 4 caras de la muerte

Mi hermano mayor Danny estaba hablando desde la plataforma y empezó a declarar el nombre de Jesús sobre la situación presente. Cada vez que él declaraba el nombre de Jesús este hombre alto se caía para atrás. Danny entonces se puso a repetir el nombre de Jesús varias veces hasta que este hombre se dio la vuelta y salió corriendo de la cruzada huyendo.

Mauricio habia traido a un grupo de adolescentes que hablaban perfecto inglés y mientras Danny predicaba desde la plataforma usamos a estos adolescentes como intérpretes para poder ir a orar por cientos de personas que estaban ahí y orar para que recibiesen a Jesús en sus corazones. Él espíritu de las tinieblas que existía en ese lugar fue quebrantado esa noche. Alabado sea Dios!

Él día siguiente empacamos y nos dirigimos a nuestra siguiente parada que era en esta montaña alta. Yo estaba sentado en el asiento de enfrente con un hombre que era de la iglesia a la que íbamos; con su poco inglés y mi poco espanol fuimos capaces de comunicarnos mutuamente.

Me entere por lo que él me explicó que él era hermano del hombre que había muerto del miedo. No podía creer que esto estaba sucediendo. Su padre era él pastor de la iglesia a la que íbamos a ir a ministrar esa noche. Mientras subíamos por la montaña se oscurecía y aparecia una tormenta oscura y con truenos alrededor (igual como había sido en mi visión/sueño que había tenido en mi oficina dos meses an-

Las 4 caras de la muerte

tes), pudimos i rumpir la tormenta para poder después ver una de las vistas más hermosas que alguna vez pudiera ver.

Ahí en el valle hay unas grandes montañas y ahí en esas montañas quedaba nuestro destino el pueblo de Ocotepeque. Él Señor me habló y me dijo que había multitudes en el valle de decisiones. Mi corazón estaba emocionado y me alegraba pensar que Dios me había traído hasta este lugar, un lugar tan un poco como este. Pronto descubriría lo que Dios tenía en mente para nuestras vidas, más de lo que nos podríamos haber imaginado.

Cuando llegamos a la iglesia estábamos tan ocupados instalando nuestro equipo para nuestra reunion/culto que nunca pudimos conocer al pastor personalmente. Mauricio fue él que nos dio instrucciones en cómo el pastor quería mancjar el servicio. Una vez listos para empezar la reunión Dios me enseñó una visión de Él parado con un pie en una montaña y otro pie en la otra. El Senor tambien tenia su mano extendida sobre esa ciudad.

Después él dijo, *"Ustedes creen que vinieron aquí solo a hacer un servicio, pero les digo que yo los e traido aqui. Estas son las multitudes de las que te hable en el valle de decisiones".*

Yo comencé a llorar por las almas de estas personas en esta iglesia. Las personas respondieron con gran expectación de recibir lo que venían buscando. Dios había manifestado

Las 4 caras de la muerte

su presencia en una manera magnífica: sanidades, liberaciones, miles de salvaciones y muchas otras bendiciones más caían sobre los hombre y mujeres y niños que habían llegado a ese lugar esa noche.

Cuando la reunión se terminó el pastor nos pidió que nos quedáramos a dormir por la noche pero teníamos a dos personas que viajaban él dia siguiente y las teníamos que llevar al aeropuerto.

A las dos de la mañana cuando por fin bajamos de las montañas en nuestro bus nos detuvieron tres bandidos que portaban máscaras y rifles Ak-47. Un hombre decidió abordar nuestro bus y camino desde la parte de enfrente hasta atrás del bus y sin decir ni una palabra. Todos estábamos mudos, sin palabras y orando debajo de nuestro aliento en susurros. Este hombre se había ganado la lotería porque todos teníamos nuestros pasaportes con nosotros mismos, nuestro dinero y el equipo de música. El hombre camino de regreso al conductor de bus y le gruñó que se podían ir.

No se que vio ese hombre en el bus esa noche; tal vez nos vio como campesinos o gente sin dinero o tal vez él Señor no le permitió ver a nadie en el bus. Pero por cualquier razón pudimos manejar e irnos sin ningún daño.

Mi último comentario acerca de este testimonio sucedió cuando regresamos a Tulsa, Oklahoma. Estaba trabajando como ministro de prisiones, donde vamos a orar por los

Las 4 caras de la muerte

reos que están en la pena de muerte. Un dia mientras nos alistamos para nuestra reunión semanal en la prisión uno de los reos se me acercó para preguntarme donde estaba en el mundo en una noche a las dos de la mañana. Él me dijo que Dios lo despertó unanoche y le enseno a él mi cara y entonces él empezó a orar por mi hasta que sintiera paz al respecto. Fue exactamente el mismo dia y a la misma hora en que nos detuvieron esa noche en Honduras.

Es sorprendente como hay personas que dicen que Dios no existe; yo les pregunto a esas personas que si Dios no existe cómo es posible que existan todos estos intercambios con tantas millas de distancia. Yo estoy convencido que Dios si existe asi que no me molesta que él rescate y salvé mi vida. Espero con confianza que para ahora te estás ablandando al hecho de que hay alguien en el mundo que es más grande que ti y que te tiene en mente todo el tiempo.

"Hay multitudes del que te hable en el valle de decisiones."

Estoy seguro que por ahora muchos de los que han recogido este libro piensan que estoy loco o simplemente lo han botado a la basura para este punto. Bueno que sea lo que sea! Pero estoy convencido que si aun leen este libro es porque él espíritu de Dios los está atrayendo a su reino, a que lo habiten con él.

Las 4 caras de la muerte

Tu alma está siendo pesada en la balanza y estoy orando a que puedas ver las cosas como son de verdad y que te puedas acercar a Dios antes de que sea demasiado tarde.

Aquí hay información interesante que he encontrado en él internet que describe lo que un valle de decisiones puede ser.

Tengo más información que será compartida al final de este libro. Él testimonio de Rosa, Alex, Nick, y unos cuantos más que han casi probado el sabor de la muerte y les pueden decir su versión de más caras de la muerte que las cuatro mencionadas en este libro.

Así que con eso, tengo una cara más de la muerte con la que lidie en este viaje misionero que causó que escribiera este libro.

Juan 11:43-44 (RVR1960)
Y habiendo dicho esto, clamó a gran voz:
!!Lázaro, ven fuera! Y el que había muerto salió,
atadas las manos y los pies con vendas,
y el rostro envuelto en un sudario. Jesús les dijo:
Desatadle, y dejadle ir.

Capítulo 8
La cuarta cara de la muerte
Mi hermano Danny

Mientras él tiempo de nuestra partida se aproximaba para regresar a casa, aún hacía falta un testimonio más que tenía que ser agregado a nuestros encuentros increíbles con estas tres caras de la muerte. Debido a todas las reuniones a través de todo Honduras nos estábamos cansando increíblemente. Yo no esperaba que estos eventos sucedieran para poder escribir un libro, pero seguían sucediendo y tome la iniciativa de escribirlos y así analizar cómo se reacciona (o como reaccione yo) antes las variantes caras de la muerte. Yo creo fielmente que tienes una oportunidad de cambiar tu destino mientras estás en este planeta tierra.

Mientras me recostaba en mi cama la noche antes de irme a casa, me seguía despertando para reprender el espiritu de muerte que parecía estar atacando al equipo. No recuerdo el número exacto de veces que reprendí a este invitado no deseado en él nombre de Jesús; pero se que fue muchas veces.

En el desayuno mi hermano Danny y yo estábamos hablando y él me dijo que él se pasó despertando toda la noche pensando que se iba a morir. Le pregunté al Señor

Las 4 caras de la muerte

porque Danny se sentía de esta forma y porque nos había despertado a ambos de nuestro dormir varias veces para abordar el tema de la muerte.

Yo creo que hay muchas personas que a diario batallan con el tema de la muerte; adentro y afuera de la iglesia.

Nosotros como personas de Dios que ya hemos tomado nuestra decisión de seguir a Jesús tenemos una responsabilidad de enseñarle a los que nos rodean, a los que viven corriendo en temor de la muerte que siempre parece estar cerca.

∽

Yo creo fielmente que tienes una oportunidad de cambiar tu destino mientras estás en este planeta tierra.

Siento que he analizado y explicado a máxima profundidad todas las situaciones presentadas en este libro. Sin embargo siento que me hace falta algo para convencerte que existe un Dios. Un Dios que te quiere rescatar de las garras del diablo. Alguien una vez dijo que él no creía en él diablo, y él diablo le contestó rápidamente yo tampoco.

Existen varios testimonios de aquellos que han cruzado de un lado a otro y han visto las realidades del cielo y el infierno y fueron devueltos a la vida para poder testificar.

Las 4 caras de la muerte

Un Doctor me dijo…

Contado por un Capellán de una Prisión Estatal

Un buen amigo mío que era un capellán de una de las prisiones aquí en Oklahoma compartió su testimonio conmigo hace muchos años. Él tenía un buen amigo que era un doctor que trabajaba en un hospital, él trabajaba en la sala de emergencias y su trabajo era usar el desfibrilador en situaciones de vida o muerte. Él le contó a Jack (mi amigo) que en él transcurso del año había tenido siete pacientes que habían muerto en la sala de emergencias y él los había revivido.

Escuchen lo que dijo después! En todos los siete pacientes en los que él usó él desfibrilador una vez que sus corazones volvieron a funcionar todos le dijeron la misma cosa. Las personas describieron lo que él infierno era (y cada descripción era exactamente la misma de todos los siete pacientes).

Este doctor le dijo a Jack que él era un creyente pero que al estar ocupado en su trabajo no tenia tanto tiempo disponible de sobra para dedicarse a su Cristianidad y a su amor por Jesús. Esto había abierto sus ojos al hecho que él necesitaba rededicar su vida a Cristo.

Después dijo que cuatro de los siete que habían sido resucitados, todavía hasta el dia de hoy se recuerdan con gran detalle de sus experiencias en el infierno. Los otros tres dicen que no vieron nada y que todo se volvió negro.

■ 1. Así que dejame hacerte una pregunta: Existe él

Las 4 caras de la muerte

infierno?

- 2. Y si el infierno existe, hay alguna forma de escapar?
- 3. Por que un Dios que nos ama nos enviaria ahi?

Jesús habló más del infierno que lo que hablo del cielo. La mayoría de Cristianos se niegan a reconocer que existe tal lugar. La muerte eterna significa estar totalmente separados de Dios; fuimos creados para vivir para siempre. Si rechazas a Dios y a su hijo Jesús entonces vivirás para siempre en ese lugar que NO fue creado para ti; pero si fue creado para él diablo y esos que le siguen a él.

Si recibes a Jesús en tu corazón y has nacido de nuevo, vas a vivir para siempre en el Cielo que está rodeado de su presencia; y les puedo decir que es un lugar mejor en él que estar.

[Aquí hay otro increíble testimonio]

Jesús me enseñó él paraiso
Escrito por Jerrie Childers

Jerrie Childers vive en la ciudad de Broken Arrow, OK. Lo siguiente es una cita sacada de su carta hacia mi donde me cuenta de su experiencia cercana con la muerte.

Ella dijo "Fue Julio de 1969. Yo tenía 16 años y con cuatro meses y medio de embarazo. Estábamos en la casa de la abuela de mi esposo, y todo el dia entero sentía que algo

Las 4 caras de la muerte

grande iba a suceder cuando los astronautas aterrizaron en la luna ese día.

Cuando nos dormimos esa noche me sentia bien, pero para la siguiente mañana cuando desperte me sentia bien enferma; tenía una fiebre alta y me sentia confundida. George llamó a mi mamá y juntos me llevaron al doctor y me admitieron en el hospital. Me diagnosticaron con neumonía severa. El doctor no pensaba que iba a sobrevivir esa noche. Escuche a alguien decir que al cruzar el pasillo había otra mujer con la misma diagnosis. Estaba tan débil que no podía ni alimentarme yo misma. Ya que estaba enferma me pusieron en aislamiento para no exponerme a otras enfermedades.

Mientras me recostaba en mi cama escuche a alguien tocar la puerta, yo dije *"Abran la puerta y dejenlo entrar"*. No había nadie en la puerta. Un poco después volvió a ocurrir exactamente lo mismo y no había nadie. La tercera vez que paso si me fije y sentí como habían angeles al tope de mi cama a cada uno de mis lados protegiéndome. Entonces yo dije, *"Sí señor"* y Él me llevó con él a un paraíso hermoso con colores vibrantes. Él me dijo que si queria me podia quedar ahí o me podía regresar si quería. Yo le dije *"Señor yo quiero tener a mi bebé y estar con mi bebe"*.

Él me trajo de regreso. Cuando me desperté estaba rodeada de enfermeras y doctores. Recobre mis fuerzas durante el dia. La siguiente mañana me pude levantar y alistar sola. Todo el mundo que me fue a visitar se asombró de ver como

Las 4 caras de la muerte

me pude a listar sola ese dia, ya que el dia anterior no podía mover mis brazos. Alguien me dijo que la joven al cruzar el pasillo había fallecido durante la noche anterior.

Jerrie había tomado la decisión de aceptar a Jesús dentro de su corazón antes de tener esta experiencia cercana a la muerte, y su lugar donde va a vivir después de su muerte es este bello paraíso.

Sin signos vitales!

Escrito por: Aaron Jones

Mi esposa Anita es maestra de una escuela privada en Tulsa, Ok. Hace muchos años, mi hermano y yo estábamos vendiendo paquetes de impresión a pequeños negocios de puerta en puerta en Sapulpa (un suburbio de Tulsa), cuando recibí una llamada. Era la jefa de mi esposa y me dijo con tono ansioso: *"Anita parece estar hechizada o bajo algún ataque, hemos llamado a la ambulancia; tienes que venir lo más rápido posible".*

Yo supe inmediatamente que era un ataque de asma (ella sufría de asma), solo que en el momento no me percate de lo serio que este ataque era. Ambos nos subimos a mi camión y manejamos hacia Tulsa. En camino mi celular volvió a sonar y era nuevamente su jefa; solo que esta vez llorando en pánico y casi gritando en mi oído, *"Esto es grave Aaron, vete de un solo al hospital, te encontraremos ahí, los paramédicos están trabajando duro pero no saben si se va a salvar..es GRAVE!".*

Las 4 caras de la muerte

Ahora manejo mi camion a casi cien millas por hora en la autopista y directo al hospital. El diablo estaba en mi oído él tiempo entero susurrándome *"Ya está muerta, ya lo sabes! Vas a tener que criar a tus hijos solo. No vas a tener una esposa y Anita está muerta. Qué le vas a decir a tus hijas?"*. Cuando yo reprendió él 'espíritu de muerte' el diablo me decía *"Eso no funciona, ya se murió! Ya no está! Tu esposa está muerta!"*. Yo creo que el enemigo me dijo eso como cien veces hasta que llegáramos al hospital y no se callaba!

Cuando llegamos a la sala de emergencias, la ambulancia no había llegado aún, y después para hacerlo ver peor (porque el diablo hace eso y busca intimidar y causar miedo) cuando la ambulancia llegó de manera lenta y sin las luces de emergencia. Se veía mal!

Cuando un paramédico hombre abrió las puertas de la ambulancia, había una paramedica hembra encima de mi esposa pegando al pecho de mi esposa Anita tratando de hacerla respirar una vez más. Cuando bajaron de la ambulancia los paramédicos llevaban a mi esposa con una paramedica pegandole al pecho y otro con un desfibrilador manual en su boca.

La blusa de Anita había sido cortada y su brasier tambien pero no parecía de ninguna distancia que eso se notara, se miraba más como de esas modelos que hacen Body Paint y no se mira como desnuda.

Las 4 caras de la muerte

Mi esposa se miraba completamente azul de la cintura para arriba el cuello y el pecho y sus manos todas se miraban azules. Mi esposa parecía un pitufo, me puedo reir ahora de estos recuerdos pero en él momento sufría de terror de perder a mi esposa. Su boca también estaba abierta y sus ojos abiertos y mirando para un lado fijamente sin nunca parpadear.

Tengan en mente que todo esto se sintió como una eternidad pero todo esto solo sucede entre la ambulancia y la sala de emergencias. Le dije a uno de los paramédicos que ella era mi esposa y que yo era un ministro y que necesitaba orar por ella ahora! A lo que él respondió *"Usted haga lo que tiene que hacer porque no tenemos ni un solo signo vital, NADA DE SIGNOS VITALES!"*.

Yo coloque una mano en su brazo y la otra en su fría frente y corrimos con la camilla a la sala de emergencias. Yo oraba que todo estuviera bien y oraba todo lo que se suponia uno tenia que orar en esas situaciones hasta que de repente grité *"Mirame Anita! MIRAME! VAS A VIVIR EN ÉL NOMBRE DE JESÚS!"* Ella parpadeó sus ojos, volteo su cabeza y me miró directamente a los ojos. La paramedica hembra gritó, *"Ella lo acaba de ver a los ojos!"* yo le dije *"Ella va a estar bien"* y comencé a llorar; después un doctor me empujo a fuera y me dijo que tenía que esp rar ahí.

Yo llame a dos miembros de mi ministerio, y a un amigo misionero que es pastor y les dije que tenían que orar urgentemente por Anita.

Las 4 caras de la muerte

Entonces yo comencé a hablar con Dios, me acuerdo de casi todas las palabras, "*Señor tu me conoces, Yo necesito a mi esposa. Si estoy siendo egoísta, perdoname, pero tu sabes que no tengo la sabiduría para criar a dos niñas todo solo. Y que otra mujer sea su mam no va a funcionar, asi que necesito que hagas algo padre; NECESITO TU AYUDA!*".

En lo que pareció minutos, una enfermera se me acerco a preguntarme si era él Señor Jones y que ya podía ver a mi esposa. Le pregunte "*Que paso? ella esta bien?!*" a lo que contestó con un gesto de hombros y manos levantadas como diciendo "*No se, tendrá que hablar con él doctor*".

Cuando entre a la habitación en el hospital, Anita estaba sentada en la cama viendo a su alrededor confundida de donde estaba. Le pregunté si se sentía bien y ella no me contestó se miraba confundida; Le pregunte si me conocía pero tampoco me contestó solo me quedo viendo fijamente.

Para cuando la doctora entró a la habitación mi hija mayor ya estaba ahí. Le pregunté al doctor "*Ella está bien?*" él doctor respondió, "*Yo no se que fue lo que sucedió, creemos que fue un ataque de asma severo y una reacción alérgica a algo en su aula de clases. No sabemos un minuto estaba en graves problemas y él otro estaba completamente bien*".

Pregunte con precaución porque quería saber "*Ella estaba muerta?*" la doctora respondió "*Bueno donde ella estaba l a mayoría de las personas no regresan*".

Las 4 caras de la muerte

Se volteo a mi esposa y dijo *"tienes mucha suerte, te vamos a venir a traer dentro de poco para ver si la pérdida de oxígeno no afectó tu cerebro"*. Yo le dije a la doctora *"Yo soy un ministro y tengo a muchas personas orando por ella"*. Ella trato de ignorar mi comentario diciendo *"Tal Vez eso fue"*. Pero yo dije *"No eso tiene que ser! Usted ya dijo que no sabía qué fue lo que pasó, porque no darle merito a Dios y al poder de la oración?"* Ella sonrió y dijo, *"Bueno alguien haya arriba te está cuidando."*

Regresaron de los exámenes con aún más pruebas que Dios había intervenido en esta situación. La doctora sonó como si cuestionaba los resultados, decía, *"Usualmente cuando han habido de este tipo de episodios hay evidencia en la sangre. Pero no nos podemos percatar de que haya tenido algún problema; es una de esas cosas que no podemos explicar. Me alegra que esté bien creo que ya nos podremos ir a casa."*

Mientras esperábamos que mi suegra le trajera más ropa a mi esposa y que hiciéramos el proceso de darle de alta, dos de los paramédicos vinieron a ver el MILAGRO que había sucedido. Ambos estaban asombrados que ella estaba sentada habla do con todos y lista para irse a casa. Ellos dijeron que no habían visto muchos finales felices a situaciones como estas y que comparten nuestra alegría.

Después mientras salíamos del hospital, igual que en la historia de la Biblia cuando Jesús resucitó a una pequeña niña, la niña contestó *"Tengo hambre"* y mi esposa dijo lo mismo.

Las 4 caras de la muerte

La lleve a uno de nuestros restaurantes locales preferidos.

En la mesa le pedí a la messera un cuchillo para cortar el brazalete de hospital de la muñeca de Anita. La mesera le puso una mano en el hombro y preguntó si se sentía e ferma, a lo que yo contesté con entusiasmo *"Hace dos horas que estaba muerta!"*. Ella rápidamente quitó las manos de mi esposa y viéndose un poco pálida fue a traer el cuchillo, ha!

Dios tiene que tener un increíble sentido de humor. No es maravilloso? Servimos a un gran Dios!

Anita dijo después que ella no había visto o sentido nada. Ella explicó que lo único que sentía fue una paz total y que aunque me ama a mi y a sus hija no había deseo de dejar ese lugar ya que había tanta paz.

Rescatado de las garras de la muerte
Lo siguiente es un extracto de
'C.H.P. - Coffee Has Priority'
(Las memorias de un Oficial de la autopista de California de placa #9045)
Escrito por: Ed Marr ▪ Utilizado con permiso.

Miré hacia el cielo disfrutando de la cálida y suave brisa de la noche, tomando el olor del aire fresco. Sabiéndolo estaba llegando al final de mi turno y tres días libres, regresé al granero para cerrar mi undécimo día de trabajo útil consecutivo, esperando que en algún lugar y de alguna manera el sur del Condado de San Diego permanecería tranquilo. Le recé a Dios para que pudiera volver a la ofi-

Las 4 caras de la muerte

cina de mi área sin incidentes, cuando de repente, la radio me llamó diciendo, 87-5. San Diego! Cogí el micrófono y respondí, San Diego, 87-5, en dirección norte I-5 acercándose a National City, adelante! Despacho: hay una (11-79) lesión grave, posiblemente fatal colisión norte hacia el sur I-5 al sur de la bahía de Coronado Puente. Respondí el código 3 y en minutos llegué primero, siendo la unidad más cercana. Notificar el envío como (10-97) en la escena, rápidamente aseguré la escena de colisión dentro de los carriles norte de I-5 y anuncie solicitando ayuda adicional (grúas, forenses, paramédicos y unidades de CHP adicionales). Tuve que hacer una evaluación mental rápida de la escena, fui creando mi patrón de bengalas desde el lado posterior (límite sur) de la escena de colisión, para advertir sobre el tráfico en dirección norte.

Algunos buenos samaritanos se detuvieron cerca de la escena y corrieron hacia mí ofreciéndome su ayuda. Ahora típicamente en condiciones normales, tal ayuda sin embargo, se le negará, dada la ubicación precaria de este colisión en un tramo oscurecido de la autopista y en un ciego curva para acercarse a los vehículos en dirección norte, acepté su asistencia. En poco tiempo, las unidades adicionales habían llegado para mantener la retaguardia y para proteger a los de la escena de acercarse al tráfico hacia el norte. En las líneas de tráfico número 2 y 3 en dirección norte, vi el Vehículo Uno (V-1). Era un Mercury Monarch verde 1974, sus ruedas orientadas básicamente hacia el norte. Se había mantenido masivo daño de colisión en la parte

Las 4 caras de la muerte

trasera. Noté el Vehículo Dos (V-2). Era un Mercury Montego azul de 1967 que básicamente se enfrentaba al norte y se posicionó en la derecha no mejorada de la autopista I-5 en o cerca de la escena de colisión. V-2 tenía daño masivo prolongado de colisión frontal.

El driver, un hombre mayor, fue encontrado sentado en el asiento delantero izquierdo del V-2 obviamente expiró. Él había sido atravesado por el cofre en la columna de dirección y la parte superior del cuerpo estaba atravesando el vidrio del carro.

Redirigiendo mi atención a V-1, di la vuelta a la derecha del lado en la oscuridad siguiendo el rayo de mi linterna. Noté un líquido rojo pesado en el pavimento por debajo del V-1. Sospechando que es fluido de transmisión, seguí caminando hasta que descubrí horrorizada a las extremidades bajas de una persona debajo de V-1. Puse mi luz sobre esta persona, y me di cuenta de que esta persona parecía ser una mujer y el líquido no era fluido de transmisión en absoluto, pero una gran cantidad de sangre fatal! Ésta persona estaba boca abajo en el pavimento con casi dos toneladas del V-1 encima de ella! Mientras estaba allí, su cuerpo tuvo un temblor (en las garras de la muerte) y la vista y el olor de su fallecimiento fue evidente! Instruí a los buenos samaritanos para que me asistieran volteando el V-1 en su lado derecho, teniendo cuidado de no deslizarse en el gran charco de sangre. Habiendo logrado esto, todos notaron que esta persona era de hecho una mujer

Las 4 caras de la muerte

joven. Ella yacía en la acera perdiendo lentamente su vida; (después de todo la vida está en la sangre). Déjame describir sus heridas. Esta mujer estaba debajo del V-1. En el transcurso de mi investigación y la evidencia disponible, era obvio que ella fue arrojada al pavimento al impactar con V-2, lo que causó que V-1 se estrellara encima de su pequeño cuerpo. Su torso superior había sido aplastado como un molde con un peso extremo de presión!

Quiero decir, su mitad entera superior estaba aplastada completamente! Su cabeza, su piel sirvió como una bolsa en donde su cráneo se fragmentó cerebro, senos nasales, ojos, etc. Todo lo que podíamos hacer era tomar nota de sus débiles gemidos y ver a esta pobre mujer expirar mientras esperábamos por los paramédicos para llegar. Agradeciendo a estos buenos samaritanos por su asistencia, les di instrucciones para que abandonaran el área. Mientras tanto, procedí a completar mi investigación. Aprendí que está mujer aparentemente estaba buscando bajo el capó de V-1 porque se había roto en el tráfico número 3 hacia el norte. Fue en este momento que el V-2 con rumbo norte pegó en la parte trasera de la V-1 a la velocidad máxima de la autopista (65-70 mph).

Este impacto forzó a V-1 a avanzar, tragándose a esta mujer bajo el capó. Ella fue escupida en el pavimento después de haber viajado varios pies hacia adelante dentro del motor de V-1. La evidencia reveló que V-1 giró sobre verticalmente en su parachoques delantero y luego se estrelló arriba de esta

Las 4 caras de la muerte

mujer, que ahora era peatona. Los paramédicos llegaron poco después de que despachará a los buenos samaritanos. Uno de los paramédicos se me acercó y solicitó que conduzca la ambulancia hasta el lugar más cercano hospital. Obedecí su pedido e informé al otro Oficiales de CHP en la escena, así como el despacho de radio de esto. El paramédico dijo: Créalo o no oficial, tenemos un débil pulso!

La entrada del Hospital estaba a la vista. Girando a la izquierda desde Pershing Drive, procedí cuesta arriba hacia la entrada de emergencia donde un equipo de médicos esperó por nuestra llegada. Seguí la acción de cómo el equipo médico intentó mantener su vida, me paré al pie de su cama y oré sobre su cuerpo roto que Dios Todopoderoso repararía la vida y el sustento de esta joven.

Sin pensar más en ella, me fui. Notifiqué mi despacho de radio que estaba listo para ser recogido en el Hospital para el transporte de regreso a mi patrullero, que había estacionado en la escena de la colisión. Conduje mi vehículo de vuelta al granero, completó mi documentación y se aseguró la noche. Tenía dos días libres. A mi regreso al trabajo, Encontré una nota en el buzón de mi oficina que decía que tenía que llamar al hospital donde había dejado a la joven.

Llamé al buen doctor y esta es la esencia de su conversación Oficial Marr? ¡Sí señor! Estoy tan feliz de que hayas regresado ¡mi llamada! Dije, doctor, ¿tienes algo que contar ¿yo? Oficial, ciertamente lo hago! Por supuesto que recuerdas la

Las 4 caras de la muerte

joven estudiante universitaria que trajiste hace dos días con el severo trauma en la cabeza y el torso? Sí señor, recuerdo Bueno, oficial, ¿estás de pie o estás sentado? Dije, Doc! Solo dime que está pasando! Él dijo, Bien entonces. Oficial Marr! Varios de mi equipo te vieron parado al pie de su cama rezando. Yo dije, ¿tiene un problema con esto doctor? El doctor dijo:, por favor escúchame! Te fuiste y en tu ausencia ocurrieron ciertas cosas, que pensé debería saber.

El Doctor continuó diciendo, Oficial Marr! No sé lo que dijiste o lo que tú hiciste pero sé esto. Lo que voy a decirte, cada miembro de mi equipo quiere que sepas que un milagro tuvo lugar justo ante nuestros propios ojos! Dije, Doc! Cuentame que sucedio! Él dijo, te fuiste y mientras que seis de nosotros intentamos estabilizar a esta mujer ¡Los datos comenzaron a volver a aparecer en su lugar! Entonces, sus tejidos blandos dentro de su cráneo fueron creados antes de nuestros ojos! Oficial Marr! Esta mujer puesta de alta esta mañana ¡Ella salió de aquí bajo su propio poder! Todos nosotros aquí en el hospital queremos que sepas que vimos un milagro llevarse a cabo! buen trabajo, Oficial!

El Testimonio de un Amigo
Escrito por: Wayne Sanders

Estoy sentado aquí en mi oficina repasando los eventos que tomaron lugar a principios de Marzo del 2017. Un buen amigo mío compartió algunas cosas conmigo que le sucedieron mientras en el hospital. El sufrió un ataque al corazón y con su permiso, me siento obligado a compartir

Las 4 caras de la muerte

este testimonio con usted. La razón porque sacar este tipo de información a la luz es porque hay vida después de la muerte y al estar armado con esta información espero y rezo para que puedas hacer una decisión de calidad sobre el destino de tu futuro. Una vez que escuché que estaba en el hospital mi esposa y yo fuimos para visitarlo. Él estaba consciente cuando llegué allí, pero estaba muy débil y él tuvo que tomarse su tiempo para decirme qué había pasado.

Unos días antes de que ocurriera todo esto, había leído un libro titulado *"23 minutos en el infierno"* de Bill Wiese. Es la historia de un hombre sobre lo que vio, escuchó y sintió en un lugar de terrible tormento. Aquí hay una cita de su libro: *"Mi sincera esperanza es que este libro sea lo más cercano que puedas llegar a experimentar el infierno por ti mismo".*

Bill Wiese vio las ardientes llamas del infierno, se sintió en total aislamiento, y experimentó lo pútrido y la descomposición y hedor, gritos ensordecedores de agonía, aterrorizando y finalmente, la mano fuerte de Dios levantando fuera del pozo diciendo, *"Diles que voy a venir ¡muy muy pronto!"* Siento en mi corazón que el momento de este libro es presentado ante mí de una manera divinamente designada de Dios para hablarle a mi amigo, así como a muchos que están leyendo este libro.

La revisión de varios Ateos en contra de Bill estaba

Las 4 caras de la muerte

fuertemente contaminada y parcial con su doctrina que lo describió como un soñador y un estafador que solo está dispuesto a hacer dinero de su historia que sienten que es increíble por decir lo menos. Esto me recuerda una conversación que tuve una vez cuando se da la oportunidad de hablar con un hombre en pena de muerte; él trató de usar la Biblia para probar que Dios no existe. Me divirtió el hecho de que él no creía en Dios, y pensó que la Biblia es solo un libro de cuentos de hadas.

Sin embargo, luego quiso usarlo para probarme que no hay Dios. Le dije que no puedes usar un *"cuento de hadas"* para convencerme que no hay Dios.

Luego me contó de una experiencia que tuvo una vez: sobre ir a un lugar en el infierno. Dijo que era un aterrador lugar y su historia sonaba muy parecido al testimo que Bill Wiese había compartido sobre su encuentro ahí.

Luego clamó a un Dios (a quien no cree mi amigo en él por cierto) y dijo que fue sacado de ese lugar por Dios y se encontró de nuevo en su cuerpo. Luego me explicó que había tomado una gran dosis de heroína justo antes de que todo esto sucedió y explico como todo era solo una alucinación inducida por la sobredosis. Cuando mueres, simplemente dejas de existir, y eso es todo¡dijo! Dije bien, ¿y si eso no fuera cierto entonces

Las 4 caras de la muerte

dónde tu vas? Me parece que tuviste una sobredosis, moriste y Dios que te ama te salvó de un lugar en el infierno, tal vez quieras reconsiderar tu decisión.

He estado en el ministerio de la prisión por cerca de treinta años y los testimonios de algunos de los que fueron ejecutados sin Cristo en sus vidas fueron de que sufrieron murieron muertes dolorosas. Algunos gritaban que estaban ardiendo y ardiendo. Algunos gritando que *"esos demonios"* se alejen de ellos. Yo reporto los testimonios pero no estoy a cargo de ninguna de las ejecuciones.

Este hombre con el que estaba hablando en el corredor de la muerte me llamó un mentiroso y dijo: nadie se levanta de la muerte y que no hay Cielo ni Infierno; Yo conocía a su compañero de celda durante más de 25 años y me pidió que fuera a su ejecución diciendo; Aunque e estado en el ministerio de la prisión por más de 25 años no tenía deseo de ver a mi amigo morir, pero por respeto y honrando su deseo fui.

Cuando era él tiempo final de la ejecución de mi amigo él me vio directamente a la cara con una gran sonrisa y me decía *"Ya me voy, me voy, me voy"*, lo repitió y después falleció. Hay muchas personas con percepciones falsas que se niegan a creer en que fuimos creados a la imagen de Dios. Él hombre entonces me pidió evidencia, aunque fuera una onza de evidencia.

Las 4 caras de la muerte

Me pidió que hiciera su agua del inodoro en cerveza. Le pregunte porque cerveza? Me costó mucho no reírme a su ridícula propuesta. Me sorprende siempre como si uno menciona a Dios en las conversaciones, como personas se molestan por algo que dicen que no existe.

Entonces este hombre me dijo que un día 'su salvador' (cuyo nombre es [muerte]) lo liberará de este infierno en el que está viviendo. Mi respuesta fue incluso la muerte un día inclinara su rodilla al Nombre de Jesús, él solo me sonrió. Entonces me fui con una invitación de él para venir, regresar y hablar con él sobre este tema de nuevo. Le dije que esta era la mejor conversación que tuve todo el día, y él me respondió que por favor volviera porque estaba extremadamente en su celda.

Pero volvamos a nuestro testimonio y ver qué podemos averiguar sobre su experiencia que nos iluminará en este viaje en el que estamos.

Me dijeron, cuando mi amigo salió del coma inducido unos 10 días después, que el Señor había estado tratando con él tres cosas: amor, falta de perdón y él juzgar a otras personas. También me dijo varias veces que el Señor le había dicho que necesitaba arrepentirse. Él comenzaria a llorar ante esta afirmación y necesitaban un poco de tiempo para recuperarse.

Comenzó a decirnos a Connie y a mí que estaba en una

Las 4 caras de la muerte

concesionaria en Oklahoma City; para poder comprar un camión para su negocio. Tomó el que sintió trabajara para él para dar un giro y una vez en el concesionario el comenzó a sentirse raro y se metió en la parte trasera de su propio camión desde ahí le pidió a su amigo que lo llevara al hospital porque no se sentía bien.

Él dijo *"Recuerdo haber subido al camión y lo siguiente que sé es que estaba en la parte trasera de lo que parecía un gran autobús gris de la prisión. Estaba lleno de personas esposadas a sus sets. Todos se estaban riendo y parecían estar teniendo un buen tiempo. Me preguntaba por qué estaba en este autobús".* Mientras estaba compartiendo esta información conmigo, él comenzó a llorar de nuevo, pero luego continuó y dijo: *"Entonces estaba yo mismo en mi camión una vez más y habíamos llegado a el hospital.*

Salí y me dijeron que me había colapsado. Y una vez más me encontré de regreso en el autobús. Yo miré por la ventana y vi una colmena de abejas muy grande fuera del autobús. "Nadie en el autobús parecía preocuparse por qué estaban en él y encadenados a sus asientos. Viendo una enorme colmena justo afuera del autobús no les molestaba tampoco".

Me confundo un poco cuando él me sigue explicando, cómo había muerto tres veces antes de que lo admitieran en el hospital. Él no recuerda ir al hospital, pero él me dijo que murió en el vestíbulo del hospital donde luego lo llevaron a cuidados intensivos.

Las 4 caras de la muerte

Nuevamente vio el autobús de la prisión, pero está él estaba parado frente a él viendo a la gente subir por el lado de esta gran colmena. La colmena se veía como que estaba acostada de lado y la gente estaba trepando por él lado de ella y estaban cayendo al infierno como un higo oscuro y agujero que estaba arrebatando sus espíritus de sus cuerpos.

No sé por qué el Señor le había mostrado esta cadena de eventos, pero él estaba buscando una respuesta a su misterio. Él dijo, que el Señor lo miró y le dijo que podía irse y huyó de allí tan rápido como pudo. Creo que Dios quería que le dijera a la gente sobre este horrible lugar llamado Infierno. Puedes llamarlo un cuento de hadas, pero un día vas a descubrir que tal vez tiraste tu última oportunidad de escape por tu incredulidad.

Luces Brillantes y Música
Escrito por Wayne Sanders

Solo tengo un testimonio más que me gustaría agregar y es sobre mi suegra (Bernadine Smith). Estábamos viviendo en Tulsa en el momento en que recibimos un llamada del padrastro de mi esposa diciendo que teníamos que venir a Springfield, Missouri para ver a su madre. Las cosas no se veían favorables para ella y parecía que le quedaba poco. Él dijo a menos que el hombre de arriba no haga algo rápidamente ella no va sobrevivir.

He aprendido de experiencias pasadas,que cuando se hace

Las 4 caras de la muerte

referencia a Dios como *"el hombre de arriba"*, la persona que lo dice tiene poca o ninguna relación con nuestro padre celestial. Así que de inmediato nos fuimos a Missouri con la paz en nuestros corazones que Bernadine estaba en buenas manos, tanto en el hospital y con Dios. Ella había hecho a Jesús el Señor de su vida hace mucho tiempo.

Cuando llegamos, mi padrastro estaba muy inquieto y se podía ver que estaba preocupado de que la perdería para siempre esta vez. Ella había estado en esta situación antes, pero ella nunca tuvo la experiencia que sucedió con este encuentro en el hospital. Mientras ella estaba acostada en la sala de operaciones el doctor estaba revisando sus venas y encontraron un gran coágulo de sangre. Los médicos le dijeron a Don que estaba cerca de su templo y que estaban tratando de disolver el coágulo lo más lentamente posible.

Dijeron que si este coágulo de sangre se deshacía demasiado pronto,pasaría por su cerebro y resultaría en una muerte inmediata. Bernadine dijo que estaba en una esquina la cima por cada rincón de la sala, mirándolos trabajar en su cuerpo y que podía escuchar todo lo que decían. Entonces ella se encontró en el Cielo. (Ver las Escrituras de referencias)

Ella nos dijo que lo que vio allí estaba fuera de este mundo. Había luces brillantes y música en todas partes. *"YO Quería quedarme allí porque era muy tranquilo. Era él sentimiento más pacífico que he tenido en mi vida, pero Él no me dejaba quedarme. Me dijeron que tenía que regresar; evidentemente,*

Las 4 caras de la muerte

tenía más cosas que hacer". Don, (el padrastro de Connie) luego recibió a Jesús en su corazón y sus últimos años en este lado del cielo fueron impresionantes. Acabábamos de regresar de un viaje misiónero de Pensilvania llamado: 'Fuego en la montaña' y a la edad de 84 años ella estaba compartiendo su fe con alguien que [se detendría lo suficiente para] escuchar lo que tenía que decir.

La Palabra Funciona
Escrito por Wayne Sanders, según lo dicho por el Pastor (padre de Elijah)

Elija quien ya se creía por muerto: Déjame decir esto con la esperanza de que tengas. Ninguna duda de donde estoy parado en cuanto a la Biblia se refiere. Si es un libro de cuento de hadas, como muchos afirmaron que es, entonces, ¿por qué?

¿Funciona en las vidas de los creyentes de todo el mundo? Aquí hay solo un testimonio más que siento que necesita ser compartido en las páginas de este libro.

Un mensaje enviado al pueblo de Dios, *"La Palabra Funciona"* Hay un testimonio en particular que quiero compartir contigo que inspiró a una iglesia a salir de debajo de las presiones de la violencia infestada de pandillas en Honduras. Fueron caminando con la autoridad que les dio Cristo y ellos pusieron la Palabra a trabajar para liberarlos.

Un pastor en las montañas de Honduras estaba preocupado que su hijo que había dejado la iglesia y estaba in-

Las 4 caras de la muerte

volucrado con la pandilla local. Las actividades del hijo con la pandilla trajo mucha vergüenza a este pastor, pero nunca desvió su amor por su hijo.

Necesito retroceder un poco para actualizarnos. En noviembre de 2013 estábamos en la misma iglesia y el Espíritu de Dios se movía en el servicio. El pastor vio algunas cosas esa noche que ayudaron a aumentar su fe.

Cuando el pastor nos contó acerca de su hijo comenzamos a decretar una cosa como dice la Palabra y Dios comenzó a establecerlo. El nombre de su hijo era Elijah y lo llamamos a dejar las pandillas y regresar a la iglesia. La fe de este padre primero, y luego pastor, se fortaleció incluso aunque él no vio la manifestación de esas oraciones hasta diciembre del 2013 cuando Elijah regresó a casa dejando la vida de las pandillas detrás de él.

Elijah se hizo más fuerte en la Palabra a medida que pasaban los meses y el 14 de julio de 2014, se enfrentó a un tremendo golpe que sacudió su fe en la Palabra de Dios.

Mientras se prepara para el trabajo a las 6:00 a.m. el estaba tomando una ducha detrás de la iglesia cuando vio a seis hombres acercándose a él con todas las armas en mano. Él les gritó *"¿Por qué quieren matarme? No les he hecho nada".*
Cuatro de los seis hombres se fueron y los otros dos hom-

Las 4 caras de la muerte

bres caminaron hacia él. El padre de Elijah acababa de predicar un mensaje el domingo sobre ponerse la armadura de Dios. Entonces Elijah comenzó a rezar la sangre de Jesús sobre sí mismo y luego comenzó a orar mientras comenzaba a vestirse (de manera profética) con la armadura de Dios.

Efesios 6:10-18 Reina-Valera 1960 (RVR1960)
La armadura de Dios
10 Por lo demás, hermanos míos, fortaleceos en el Señor, y en el poder de su fuerza.
11 Vestíos de toda la armadura de Dios, para que podáis estar firmes contra las asechanzas del diablo.
12 Porque no tenemos lucha contra sangre y carne, sino contra principados, contra potestades, contra los gobernadores de las tinieblas de este siglo, contra huestes espirituales de maldad en las regiones celestes.
13 Por tanto, tomad toda la armadura de Dios, para que podáis resistir en el día malo, y habiendo acabado todo, estar firmes.
14 Estad, pues, firmes, ceñidos vuestros lomos con la verdad, y vestidos con la coraza de justicia,
15 y calzados los pies con el apresto del evangelio de la paz.
16 Sobre todo, tomad el escudo de la fe, conque podáis apagar todos los dardos de fuego del maligno.
17 Y tomad el yelmo de la salvación, y la espada del Espíritu, que es la palabra de Dios;
18 orando en todo tiempo con toda oración y súplica

Las 4 caras de la muerte

en el Espíritu, y velando en ello con toda perseverancia y súplica por todos los santos;

Los dos hombres restantes abrieron fuego y le dispararon una vez en el cuello donde la bala entró por delante y salió de la espalda. Luego le dispararon seis veces en el pecho y lo dejó tirado en el piso de la ducha desangrándose hasta la esperada muerte.

Dijo que estuvo inconsciente por lo que pareció solo unos minutos. Se levantó, puso una toalla alrededor de su cintura y comenzó a caminar hacia la carretera para tratar de tomar un taxi para llevarlo al hospital.

Una niña pequeña lo vio y le trajo unas sandalias para caminar a través de las rocas. Había sangre por todas partes y cuando encontró un taxista se negó a dejar que Elijah (Elías) se subiera en el coche por temor a que Elijah muriera y luego estaría demandado. En este momento la policía estaba en la escena y el pastor (su padre) también llegó. La policía ordenó al taxista llevar a Elijah al hospital. Cuando llegaron a una clínica privada se negaron a admitirlo sin pagar antes una gran cantidad de dinero como un pago inicial, de 70,000 Lempiras, que es

Aproximadamente alrededor de $ 3,300.00 en dólares. El hospital general (público) era al menos otros 40 minutos de allí y el tiempo estaba corriendo. No tenían más remedio que ir allí, pero Elijah y su padre estaban hablando

Las 4 caras de la muerte

en voz alta que él viviría y no moriría y proclamando la Palabra de Dios.

Salmos 118:15-17 (RVR1960)
15 Voz de júbilo y de salvación hay en las tiendas de los justos; La diestra de Jehová hace proezas.
16 La diestra de Jehová es sublime; La diestra de Jehová hace valentías.
17 No moriré, sino que viviré, Y contaré las obras de lo que a hecho él Senor.

Al llegar al hospital, inmediatamente lo admitieron en la sala de emergencias y lo preparaban para cirugía. Con la gran pérdida de sangre, se estaban preparando para donarle un poco. Luego vino la verdadera sorpresa.

La bala que atravesó su cuello no atravesó su principal arteria y no había tocado nada vital como su espina o columna o caja de voz. La única forma en que podrían explicar los seis disparos en el pecho fueron simplemente que rebotó de él cada una de las balas. Como si usara un chaleco antibalas (para mi fue la palabra de Dios él chaleco antibalas).

Lo llamaron un milagro andante y lo liberaron para ir de vuelta a casa. Nunca tuvieron que darle sangre, incluso después de la evidencia de toda la sangre que había perdido. Cuatro de los seis hombres ya están muertos. Uno de los hombres iba caminando por la calle y le cayó un

Las 4 caras de la muerte

rayo que lo quema de pies a cabeza. El quinto hombre está en prisión, y no pueden encontrar el sexto en ninguna parte. Mi corazón está con aquellos que lo atacaron. El tiempo es corto y rezo para que alguien pueda hablar con ellos sobre la gracia salvadora de Dios antes de que perdieran sus vidas.

Hace un año la iglesia se obligaba a ella misma a terminar los cultos a más tardar las 8:30 pm de la noche por temor a caminar a casa en la oscuridad. Ahora el miedo se ha ido y la alegría que logramos sentir en esa iglesia en este viaje fue, sin decirlo, absolutamente increíble.

(Epílogo)
En el cierre ...

La Palabra de Dios en el último versículo del Evangelio de Juan nos dice que Jesucristo fue verdaderamente: UN HOMBRE MILAGROSO, EL ÚNICO SANADOR y EL MARAVILLOSO OBRADOR.

Juan 21:25 (RVR1960)
25 Y hay también otras muchas cosas que hizo Jesús, las cuales si se escribieran una por una, pienso que ni aun en el mundo cabrían los libros que se habrían de escribir. Amén.

Las 4 caras de la muerte

Este es el padre de Elías (Elijah) quien es él pastor de la iglesia localizada en las montanas de Honduras, quien me contó su historia.

Las 4 caras de la muerte

Escrituras Sobre él Infierno

Mateo 25:30 (RVR1960)
30 Y al siervo inútil echadle en las tinieblas de afuera; allí será el lloro y el crujir de dientes.

Lucas 16:23-24 (RVR1960)
23 Y en el Hades alzó sus ojos, estando en tormentos, y vio de lejos a Abraham, y a Lázaro en su seno. 24 Entonces él, dando voces, dijo: Padre Abraham, ten misericordia de mí, y envía a Lázaro para que moje la punta de su dedo en agua, y refresque mi lengua; porque estoy atormentado en esta llama.

2 Samuel 22:6 (RVR1960)
6 Ligaduras del Seol me rodearon; Tendieron sobre mí lazos de muerte.

2 Tesalonicenses 1:9 (RVR1960)
9 los cuales sufrirán pena de eterna perdición, excluidos de la presencia del Señor y de la gloria de su poder,

Mateo 25:41 (RVR1960)
41 Entonces dirá también a los de la izquierda: Apartaos de mí, malditos, al fuego eterno preparado para el diablo y sus ángeles.

Isaías 5:14 (RVR1960)
14 Por eso ensanchó su interior el Seol, y sin medida extendió su boca; y allá descenderá la gloria de ellos,

Las 4 caras de la muerte

y su multitud, y su fausto, y el que en él se regocijaba.

Apocalipsis 21:8 (RVR1960)
8 Pero los cobardes e incrédulos, los abominables y homicidas, los fornicarios y hechiceros, los idólatras y todos los mentirosos tendrán su parte en el lago que arde con fuego y azufre, que es la muerte segunda.

Marcos 9:43-44 (RVR1960)
43 Si tu mano te fuere ocasión de caer, córtala; mejor te es entrar en la vida manco, que teniendo dos manos ir al infierno, al fuego que no puede ser apagado,
44 donde el gusano de ellos no muere, y el fuego nunca se apaga.

Salmos 9:17 (RVR1960)
17 Los malos serán trasladados al Seol, Todas las gentes que se olvidan de Dios.

Apocalipsis 9:2 (RVR1960)
2 Y abrió el pozo del abismo, y subió humo del pozo como humo de un gran horno; y se oscureció el sol y el aire por el humo del pozo.

Apocalipsis 14:11 (RVR1960)
11 y el humo de su tormento sube por los siglos de los siglos. Y no tienen reposo de día ni de noche los que adoran a la bestia y a su imagen, ni nadie que reciba la marca de su nombre.

Las 4 caras de la muerte

Mateo 22:13 (RVR1960)
13 Entonces el rey dijo a los que servían: Atadle de pies y manos, y echadle en las tinieblas de afuera; allí será el lloro y el crujir de dientes.

Apocalipsis 20:13-14 (RVR1960)
13 Y el mar entregó los muertos que había en él; y la muerte y el Hades entregaron los muertos que había en ellos; y fueron juzgados cada uno según sus obras.
14 Y la muerte y el Hades fueron lanzados al lago de fuego. Esta es la muerte segunda.

Las 4 caras de la muerte

Escrituras sobre el Cielo

Génesis 14:22 (RVR1960)
22 Y respondió Abram al rey de Sodoma: He alzado mi mano a Jehová Dios Altísimo, creador de los cielos y de la tierra,

Mateo 6:20 (RVR1960)
20 sino haceos tesoros en el cielo, donde ni la polilla ni el orín corrompen, y donde ladrones no minan ni hurtan.

Lucas 6:23 (RVR1960)
23 Gozaos en aquel día, y alegraos, porque he aquí vuestro galardón es grande en los cielos; porque así hacían sus padres con los profetas.

Apocalipsis 19:1 (RVR1960)
19 Después de esto oí una gran voz de gran multitud en el cielo, que decía: ¡¡Aleluya! Salvación y honra y gloria y poder son del Señor Dios nuestro;

Génesis 28:12 (RVR1960)
12 Y soñó: y he aquí una escalera que estaba apoyada en tierra, y su extremo tocaba en el cielo; y he aquí ángeles de Dios que subían y descendían por ella.

Apocalipsis 4:2 (RVR1960)
2 Y al instante yo estaba en el Espíritu; y he aquí, un trono establecido en el cielo, y en el trono, uno sentado.

Las 4 caras de la muerte

2 Corintios 12:2 (RVR1960)
2 Conozco a un hombre en Cristo, que hace catorce años (si en el cuerpo, no lo sé; si fuera del cuerpo, no lo sé; Dios lo sabe) fue arrebatado hasta el tercer cielo.

Deuteronomio 4:39 (RVR1960)
39 Aprende pues, hoy, y reflexiona en tu corazón que Jehová es Dios arriba en el cielo y abajo en la tierra, y no hay otro.

Efesios 3:15 (RVR1960)
15 de quien toma nombre toda familia en los cielos y en la tierra,

Marcos 16:19 (RVR1960)
19 Y el Señor, después que les habló, fue recibido arriba en el cielo, y se sentó a la diestra de Dios.

2 Reyes 2:11 (RVR1960)
11 Y aconteció que yendo ellos y hablando, he aquí un carro de fuego con caballos de fuego apartó a los dos; y Elías subió al cielo en un torbellino.

Lucas 10:20 (RVR1960)
20 Pero no os regocijéis de que los espíritus se os sujetan, sino regocijaos de que vuestros nombres están escritos en los cielos.

1 Pedro 1:4 (RVR1960)
4 para una herencia incorruptible, incontaminada e

Las 4 caras de la muerte

inmarcesible, reservada en los cielos para vosotros,

Apocalipsis 21:14 (RVR1960)
14 Y el muro de la ciudad tenía doce cimientos, y sobre ellos los doce nombres de los doce apóstoles del Cordero.

Apocalipsis 21:21-27 (RVR1960)
21 Las doce puertas eran doce perlas; cada una de las puertas era una perla. Y la calle de la ciudad era de oro puro, transparente como vidrio.
22 Y no vi en ella templo; porque el Señor Dios Todopoderoso es el templo de ella, y el Cordero.
23 La ciudad no tiene necesidad de sol ni de luna que brillen en ella; porque la gloria de Dios la ilumina, y el Cordero es su lumbrera.
24 Y las naciones que hubieren sido salvas andarán a la luz de ella; y los reyes de la tierra traerán su gloria y honor a ella.
25 Sus puertas nunca serán cerradas de día, pues allí no habrá noche.
26 Y llevarán la gloria y la honra de las naciones a ella.
27 No entrará en ella ninguna cosa inmunda, o que hace abominación y mentira, sino solamente los que están inscritos en el libro de la vida del Cordero.

Las 4 caras de la muerte

Oración por la Salvación

Señor Dios, sé que soy culpable y no merezco tu misericordia. También entiendo que amabas tanto al mundo. Que me amaste tanto a MI que enviaste a tu único Hijo a morir en una cruz, y pagar el precio de mi pecado. Yo creo que no puedo hacer nada para ganar Tu perdón, y yo reconozco que es un obsequio de ti. Yo creo y confieso con mi boca que Jesucristo es Tu Hijo, Mesías, Salvador de el mundo. Creo en mi corazón que levantaste a Jesús de la muerte. Te pido que perdones mis pecados por completo. Lo confieso hoy que dedicaré el resto de mi vida a servir y obedecer tu palabra y tus caminos, con Jesucristo como mi Señor. Te agradezco que de acuerdo a tu Palabra (la Biblia), Puedo estar seguro de que estoy salvado del infierno y pasare la eternidad en el cielo contigo!

Gracias padre en él nombre de Jesús, Amén!

Juan 3:16 (RVR1960)
Porque de tal manera amó Dios al mundo, que ha dado a su Hijo unigénito, para que todo aquel que en él cree, no se pierda, mas tenga vida eterna.

Now in ENGLISH and SPANISH
RISE ABOVE THE STORM

Porque de tal manera amó Dios al mundo, que ha dado a su Hijo unigénito, para que todo aquel que en él cree, no se pierda, mas tenga vida eterna.

Existen veces en la vida que uno siente que está acorralado en todos lados y no hay escapatoria? Será que las olas del mar de la vida están cayendo sobre ti?

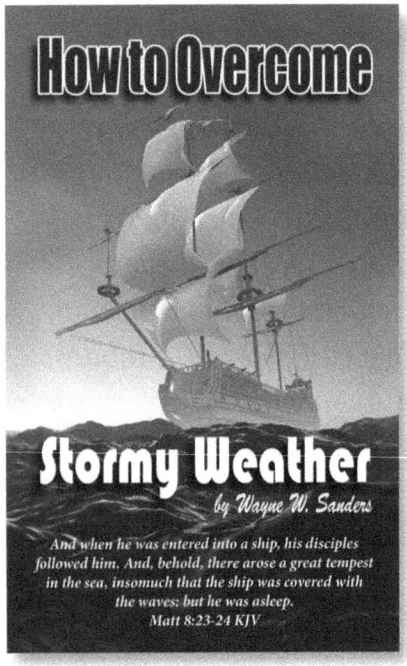

Rev. Wayne Sanders te ayuda a entender tu posición en Cristo Jesús y te enseña esos retos que están por venir. Mientras lees este libro vas a poder crecer en estabilidad, durabilidad y habilidad en *"El poder que permite solo Dios"* para perseverar bajo las grandes presiones que l a vida trae.

Disponible en librerías selectas y en
www.BoldTruthPublishing.com

Enjoy these other great books from Bold Truth Publishing

Seemed Good to THE HOLY GHOST
by Daryl P Holloman

I Have a Story to Tell
by Jean Carlburg

TURN OFF THE STEW
by Judy Spencer

KINGDOM of LIGHT 1 - kingdom of darkness
Truth about Spiritual Warfare
by Minister Michael R. Hicks

The ROAD TO THE PROMISE
Learn how to find purpose in the process
by Prophetess Candace Rivera

VICTIM TO VICTOR
THE CHOICE IS YOURS
by Rachel V. Jeffries

THE GIFT of KNOWING Our Heavenly Father
Abiding in Intimacy
by Deborah K. Reed

FIVE SMOOTH STONES
by Aaron Jones

Disponible en librerías selectas y en
www.BoldTruthPublishing.com

The hurt, lonely, oppressed and "called" are the heartbeat of prison ministry. The VICTORY is being able to reach out, touch another life and make a POSITIVE difference for the Glory of God!

A MUST READ – PRACTICAL TEACHING GIVING YOU A STRATEGY FOR FINDING "HIDDEN TREASURE" IN PRISON MINISTRY.

Available at select bookstores and
www.BoldTruthPublishing.com

www.ingramcontent.com/pod-product-compliance
Lightning Source LLC
Chambersburg PA
CBHW070649050426
42451CB00008B/317